Wie sehen Sie denn aus?

REBECCA CASATI • MORITZ VON USLAR

Wie sehen Sie denn aus?

Über Geschmack läßt sich nicht streiten.
Warum eigentlich nicht? Eine Stilkritik.

WILHELM HEYNE VERLAG
MÜNCHEN

In Zusammenarbeit mit dem Süddeutsche Zeitung Magazin, München
Umschlaggestaltung: Hauptmann und Kampa Werbeagentur, CH-Zug
Umschlagfotos (Vorderseite von links oben nach rechts unten):
inter-*Topics*/Retna USA, Hamburg; People Image/Michael Tinnefeld, Hamburg;
inter-*Topics*/Retna USA, Hamburg; People Image/Michael Tinnefeld, Hamburg;
inter-*Topics*/Corbis, Hamburg; Pandis Media, Hamburg; Action Press, Hamburg;
inter-*Topics*/Galella, Hamburg; inter-*Topics*/Retna USA, Hamburg.
(Rückseite): People Image/Michael Tinnefeld, Hamburg.
Satz: Gramma GmbH, München
Druck und Bindung: RMO Druck, München
Printed in Germany

ISBN 3-453-16541-1

GEBRAUCHSANWEISUNG

Was verrät Kleidung? Nichts und so ziemlich alles über Beruf, Einkommen, Familienstand, das immerhin. Schaut man genau hin, erfährt man vielleicht sogar, ob einer alleine lebt, mit zwei Frauen, Mann, Hund oder Meerschweinchen. Das ist schon eine Menge. Ob einer glücklich ist oder es (aus sicher spannenden Gründen!) schick findet, unglücklich zu wirken: Kleidung verrät, ob einer *Lust* hat, gut auszusehen. Oder ist das Stil?

Stil? Ein Bewußtsein von Kleidung; die Lust, mit den Möglichkeiten von Kleidung (und Verkleidung) zu spielen. Konkret also: ein Riesenspaß. Stil braucht nicht die Wahrheit zu sagen. Besser noch: Stil darf schwindeln – das sollte er. Wer will, sieht wie ein Künstler aus (schwarz anziehen!), wie ein Werbetexter (Gucci), wie ein Landadliger (Polo Ralph Lauren), wie ein Versicherungsagent (Stangenanzug), wie ein Obdachloser (warm anziehen!), wie ein Student (irgendwas anziehen, ganz egal, was).

Kleidung ist heutzutage bequem erhältlich, in jeder Qualität, Farbe, Größe, selbstverständlich zu den unmöglichsten Preisen. Ein getragener Prada-Pullover ist rein äußerlich eben *nicht* von einem H&M-Pullover zu unterscheiden, er kostet nur das Zehnfache. Stars sehen nicht wesentlich besser aus als ihre Fans, im Gegenteil: Der Star kopiert sein Publikum, der »Mann von der Straße« ist oft *schneller besser* angezogen.

Merkwürdig: Dem Star schadet das nicht – wir wollen noch immer alles über ihn erfahren, möglichst seine private, seine verletzliche, seine menschliche Seite. Dabei sind wir gewöhnliche Menchen, mehr denn je, Vorbild für seinen Glamour, seine Aura, seine Einzigartigkeit. Es ist jedermanns Stil, der über das Hier und Jetzt, in dem wir alle leben, etwas sagt. In der Konsequenz führt das natürlich dazu, daß der Künstler nicht mehr unbedingt als Künstler zu erkennen ist – der Werber nicht als Werber, der Student nicht als Student. Kleidung sagt, wer man sein *möchte*, nicht, wer man *ist*. Sagenhafte Zeiten.

Soll man über Stil also besser nicht laut nachdenken? Streiten? Lachen? Macht es Sinn, einen Menschen rein äußerlich zu beurteilen – nach Äußerlichkeiten zu sezieren! –, um daraus Rückschlüsse zu ziehen? Entschuldigen Sie, aber macht es auch Spaß?

Diese Frage stellte sich das Magazin der *Süddeutschen Zeitung* in über siebzig Folgen: »Wie sehen Sie denn aus?« Der programmatische Untertitel der Kolumne: »Über Geschmack läßt sich nicht streiten. Warum eigentlich nicht?« In aller Kürze: Siebzig Stilkritiken waren uns, den Stilkritikern, einfach ein Groß-Vergnügen.

Es geht zur Sache. Es wird gestritten und kritisiert – nach allen (Kunst-) Regeln des Stils: Was denken sich Madame oder Monsieur, *so* (freiwillig!) auszusehen? Oft fehlte nicht viel – und wir wären der verehrten Leserschaft die erwartungsgemäß vernünftige Erklärung schuldig geblieben. Dem Vorwurf der Oberflächlichkeit müssen wir uns stellen: Ja, wir waren oberflächlich. Wir sind es. So ist es recht.

Uns erreichte (aufgebrachter) Tadel und (aufgebrachtes) Lob, nicht selten (hämische) Genugtuung (Prominente über ihre prominenten Kollegen). Immer wieder stellte man uns die Frage: Woher wißt ihr das?

Nun, daß Gottschalk im Fernsehen und Katja Riemann ab und an im Kino ist, das weiß der Mensch. Alle weiteren Feinheiten kritisierten wir mit der Aufmerksamkeit, mit der zwei Menschen vielleicht an einem Sonntag durch eine halbleere Fußgängerzone spazieren. Da sieht man viel. Da gibt es auch mehr anzuschauen als geschlossene Läden. Grundlage für die Kritik war ausschließlich: ein Photo. Jemandem hinterherzurecherchieren, ob prominent oder nicht prominent, war gar nicht notwendig.

Jeder soll anziehen, was er will. Herrjeh! Natürlich! Das ist doch klar. Sollten wir, die Stilkritiker, einem der hier Kritisierten einmal zu sehr »auf den Schlips« getreten sein – es täte uns leid. Wie sagt man so schön? Es *ist* persönlich, nur nicht böse gemeint. Wir beschreiben den Typen. Über den Menschen, mit Verlaub, können wir uns in den seltensten Fällen auslassen. Jeder von uns, huhu!, hat mal einen schlechten Tag.

Es gibt keinen guten oder schlechten Stil, nur richtige oder verkehrte Kleidung – so heißt es in einer Stilkritik. Irgend etwas anziehen, liebe Freunde, müssen wir alle. Jeden Tag. Das, genau das, freut uns echt!

Rebecca Casati und Moritz von Uslar

»Nicht zu wissen, wer man ist, das ist doch kein Verbrechen. Das ist okay. Nicht zu wissen, wer man sein möchte? Im Ernst? Da haben Sie ein Problem.«

Gianni Versace (1946–1997)

Was für Sympathien kann sich ein Mädchen erhoffen, das lang ist wie eine Zaunlatte und platt wie ein Bügelbrett? Das dünne blonde Haare hat und einen bescheuerten Vornamen? Eben, gar keine. Es sei denn, sie hat den richtigen Verbündeten: Stil. Sie, Mrs. Gwyneth Paltrow, haben ihn. Ihr Stil besteht darin, ein bißchen Verwirrung zu stiften. Ihre pelzbesetzte Robe sieht aus wie für eine Prinzessin geschneidert – wäre sie nicht zu lang an den Ärmeln und zu kurz am Saum. Ihre Fußnägel haben Sie schwarzrot angemalt, wie ein Vamp, der seine Wirkung berechnet. Nett, daß Sie die Fingernägel vergessen haben! An den Füßen tragen Sie schwarze Klötze, als wären Sie eines dieser Mädchen, das den Rest der Nacht darauf tanzen will. Wenn da nicht Ihr Haarschnitt wäre, der sagt: Sie irren sich, ich bin der Junge, der das Mädchen zum Tanzen abholt. Zusätzlich haben Sie sich eine goldene Nadel ins Haar geschoben, die so wirkt, als hätte ein nachlässiger Friseur sie vergessen. Mrs. Paltrow, unter uns: Ihr Haarschnitt ist von einem New Yorker Star-Coiffeur, Ihr Nagellack ist von Chanel, und Ihre Garderobe ist von Dolce & Gabbana – da sind Sie natürlich gut beraten. Aber Sie haben doch eine eigene Klasse. Die Stilisten nennen Sie die »Audrey Hepburn der 90er Jahre«. Und sie haben recht. Das ist mehr, als jede andere blonde Bohnenstange zu träumen gewagt hätte. RC

Was denkt sich so einer? Denkt er: Das Leben ist schon langweilig, da soll meine Krawatte wenigstens lustig sein! Oder denkt der: Ich bin so lustig, das betone ich, da setzt meine Krawatte noch einen drauf! Gelb – pah! –, das ist doch eine Farbe! Unfaßbar! Beau Brummell, Erfinder moderner Herrenmoden, hat einmal gesagt, männliche Eleganz bedeute praktisch Unsichtbarkeit, bloß bei der Krawatte und der Cutweste, da dürften sich die Herren austoben. Dieser Brummell, wissen Sie, hat um 1810 gelebt! Wir wollen nicht langweilen mit dieser Feststellung: Gelbe Krawatten sind nicht okay. Allerdings drängt es mich festzustellen, daß eine gelbe Krawatte, die nicht etwa schwarz gepunktet, sondern gesprenkelt ist, definitiv nicht okay ist! Eine Krawatte, die eine Giraffe sein will, ein Gepard oder ein Salamander! Überhaupt, Krawattenmalerei: Wo gibt's denn so was noch? Genau, im Fernsehen. Fred Kogel, Programmchef bei SAT1, hat seine Tierkrawatte wohl vom Kaufhaus Schrill, das auch Schildkröten-Rucksäcke aus Gumminoppen verkauft. Einer, der *Vera am Mittag* und solche Witze im Programm hat, muß ertragen können, daß man jetzt seinen Anzug fertigmacht: An dem ist nichts auszusetzen – außer ein paar Kleinigkeiten, die nun mal über Gut und Böse eines Anzuges entscheiden: zu weit, zu weich, zu lasch; das Revers ist weder breit noch schmal, ein Mittelding; der Stoff, vielleicht ein Seiden-Leinen-Gemisch, beult an Knien und Ellenbogen aus. Zwei Weisheiten abschließend, sie stammen nicht von Beau Brummell: Schuhe sollten nicht eleganter aussehen als der Kopf ihres Trägers. Die Zeiten, in denen man mit einer Uhr angeben konnte, sind passé. Noch was: Einer, der mehr als eine Million pro Jahr verdient, muß wissen, wo vorn und hinten ist auf einem Stuhl. MvU

Ein sonniges Königreich, eine Königstochter namens Stéphanie und die Farbe Rosa – das verspricht ein hübsches Märchen zu werden. In diesem Fall ist es das von der trotzigen Prinzessin, nennen wir sie – Prolletta. Mit ihrem Aufzug beweist sie, daß eine gutgewachsene Adelige dem Hofprotokoll entsprechen und dabei aussehen kann wie die Kassiererin einer Supermarktkette. Stéphanie hat sich aus allen rosa Schuhen dieser Welt ein besonderes Paar ausgesucht. Es ähnelt den Pumps, die an Barbiepuppen-Füße gesteckt werden. Sie passen genau und zugleich überhaupt nicht, sie sind so neu, so seltsam unnachgiebig und mit Spitzen versehen, die sich aufmüpfig in den monegassischen Himmel biegen. Aus dem linken wächst eine Blumengirlande. Es könnte sich auch um eine Palme handeln, die sind ja nicht unüblich an der Côte d'Azur (an dieser Stelle allerdings schon). Von vornehmer Blässe hält Prinzessin Prolletta überhaupt nichts. Über dem Hintern ihres maßgeschneiderten Kostüms kräuseln sich Falten – ein Indiz dafür, daß Stéphanie den Rock mit einem für den Betrachter unsichtbaren, aber wahrscheinlich extrabreiten Gürtel zusammengeschnürt hat. Die passende Kostümjacke – sie wird gerade noch glattgezogen – weist, wie der Rock, einen Haufen Wollmäuse auf. Und zwei dicke Schulterpolster. Die Grazie ihrer Mutter, so wollte es das Märchen, hat Prinzessin Prolletta nicht geerbt, aber eine wie sie findet Märchen ohnehin stinklangweilig. Die Monegassen sind deshalb nicht sehr zufrieden mit ihr. Eine Lobby hat sie trotzdem: Sehen Sie noch einmal genau hin, auf Stéphanies Augen. Sie sind blau umrandet. Und blauer Kajal war schon immer das internationale Hoheitssymbol der Supermarktqueens. RC

Als der Erfolg mit *Pretty Woman* kam – heute darf man ja endlich sagen: nicht nur ein schöner, sondern einer der besten Filme überhaupt –, konnte sie es nicht fassen. Statt Champagner-Partys zu feiern, einen Öl-Milliardär aus Abu Dhabi zu heiraten oder wenigstens mit dem Rauchen anzufangen, bekam sie Schuldgefühle. Wenn die Welt mich braucht, wie schlecht muß sie (die Welt!) dann sein? Gar nicht so schlecht natürlich – weshalb Julia Roberts anfing, sich noch kleiner, noch minderwertiger zu fühlen. Bad vibrations schlagen bekanntlich auf den Gesichtsausdruck. Und auf die Kleiderwahl. Julia Roberts machte den schlimmen Fehler, ihr Publikum mit ihrem Therapeuten zu verwechseln, und suchte Trost bei ihm. Eine Stillosigkeit! Hier sehen wir den Star bei dem Versuch, uns weiszumachen, daß Hollywood eine brutale Geldmaschine ist: aha. Und daß es auch andere Werte gibt als Schall und Rauch und Make-up. Bloß welche? Antwort: Nehmt mich, wie ich bin (keine Frisur, keinen Schmuck, keinen Lippenstift)! Ich wachse noch (Jeansjacke, stone-washed, und Jeanshemd, beides in Übergröße, in dieser Kombination nur noch bei Betrunkenen auf dem Oktoberfest zu finden)! Ich bin nicht besser als ihr (das XL-Hanes-T-Shirt muß auch als Nachthemd herhalten)! Dieses Julchen ist keinen Deut charmanter, selbstbewußter, lebensfroher als wir. Das nehmen wir ihr wirklich übel. MvU

Miss Stone, Sie sind heute in die hochgeschlossene Haut eines Leoparden geschlüpft. Ihre eigene zeigen Sie nicht mehr her – das mußten Sie in Ihrem früheren Leben, als triebgesteuerte Sexblondine in *Basic Instinct* und im *Playboy*. Nachdem Sie also allen alles gezeigt hatten, zeigen Sie jetzt noch ein bißchen mehr: wie aus einem Nacktmodell eine feine Lady werden kann. Lady Sharon Stone: Ihr Auftritt ist tadellos – der Rücken gerade, die Füße geziert, das Lächeln huldvoll und die Oberschenkel hübsch parallel. Der Raubtierdruck? Keine Erotikattacke, nur eine Andeutung auf einem vornehmen Kleid. Ihre Frisur – so einfach, so glatt, so souverän – erinnert nicht mehr an die Kissenschlachten vergangener Tage. Wahrscheinlich hält sie heute wilden Jagdausritten und flotten Walzern gleichermaßen stand. Wir wissen: Die Amerikaner haben eigentlich keine Monarchie, aber sie lieben Märchen. Wie das von dem Mädchen, das einige Dinge zeigen mußte, bevor es Prinzessin werden durfte: Durchhaltevermögen beispielsweise oder ein vornehmes Abendkleid und zarte Pantoffeln. Ihr konsequenter Aufzug, Lady Stone, adelt Sie. Also fertigmachen zum Knicks am Hofe Hollywood. Wer wagt da noch zu fragen, ob Sie die Unterwäsche mal wieder weggelassen haben? Aschenputtel wird ja auch nicht gefragt, warum es früher im Dreck herumwühlen mußte.

RC

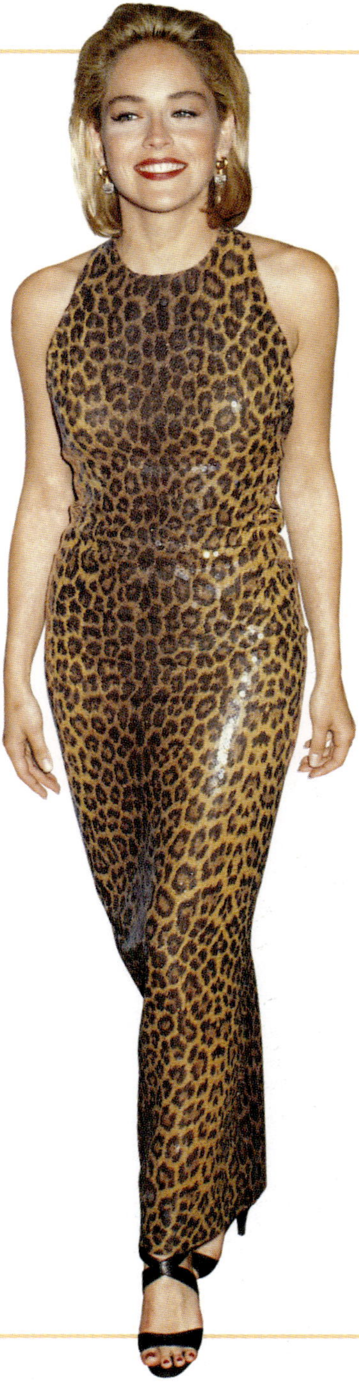

Ein top-interessanter Fall. Der ist entweder Bierkutscher, Schläger, AC/DC-Fan, einer, der im Berliner Arbeiterbezirk Neukölln am Imbißwagen lehnt und sein Schnäpschen leert: »Werner! Noch eenen Futschi!« Ein Hero also! Oder im Gegenteil: eine Speerspitze unserer anspruchsvollen, überdrehten, sich wie rasend wandelnden Gesellschaft, ein Hipster, Künstler, Laufsteg-Modell, vielleicht ein Türsteher, Drum'n'Bass-Deejay, Stylist oder Modemacher, ein Freund von Alexander McQueen (Designer für Givenchy) oder John Galliano (Designer von Dior), die ja kein bißchen besser angezogen sind. Hip gleich voll daneben und asozial: Macht das Spaß! Ich persönlich habe keine Ahnung, wo man diese Jeansjacke noch herbekommt. Die ist weder von Jeans-Kaltenbach (größtes Jeans-Fachgeschäft der Welt auf sieben Etagen) noch von Helmut Lang. Die ist mindestens von 1982 – weshalb sie in 17 Jahren wieder voll en vogue sein wird. Es bleibt die Ahnung, daß japanische Fashion-Maniacs für dieses Stück einmal mehr bezahlen werden als die Jeans-Kaltenbach-Verkäuferin. Seine Jeanshose: tjaja. Mir sind etwa zehn ausgewachsene Männer bekannt, die vor Scham eher in Tränen ausbrächen – bevor sie mit diesem Stück auf die Straße gingen. Ein Armutszeugnis, sicher, aber was für ein Kompliment für diesen Asi-Hipster! Die Vokuhila-Frisur (vorne kurz, hinten lang)? Kein Witz, aber das ist wirklich der letzte Stand der Dinge. Was sagt ein gewisser Thomas Hintermeier, ehemals Friseur in München, jetzt bester seines Metiers in New York, bevor er seinen Kumpels die Haare macht? »Ein echter Kerl braucht keinen Haarschnitt.« Da sieht man's mal.

MvU

Hier ist Tyra Banks – perfekte Proportionen, Bambiaugen, goldbrauner Ganzkörperglanz – und dies ist noch ein unvorteilhaftes Bild von ihr. Falls Sie es noch nicht wußten: Tyra ist ein Supermodel. Bei ihr ist vieles höher (Augenbrauen, Haaransatz, Ohren), größer (Busen, Augen, Füße) und länger (Beine, Wimpern, Hals) als bei anderen Menschen. Sie könnte Naomi Campbell alt und Pamela Anderson absurd aussehen lassen. Statt dessen lächelt sie demütig: Ich kann nichts dafür! Ich danke Gott und meinen Eltern. Bei allen anderen entschuldige ich mich! Warum? Na – schlechte Erfahrungen mit dem Gutaussehen. Die Menschen werden aggressiv oder gelangweilt, wenn jemand perfekt ist. Tun wir diesem reizenden Mädchen einen Gefallen und suchen ihre Fehler. Das Kleid, beispielsweise. Es ist von Anna Sui, aus rosa Seide mit goldenen Tupfen, wie ein sexy Sari, nur: So sitzt es nicht. Die Träger sind zu lang, der Stoff wirft Falten über dem Bauch, der Saum endet entweder zu hoch oder zu niedrig, auf jeden Fall weit über den Knubbelknien. Hey, eine Faustregel hat Tyra mißachtet: Die Handtasche darf niemals kleiner sein als der Bizeps! Diese hier rutscht Tyra gleich vom Zeigefinger. Dazu die Schuhe – mal ehrlich, grün? Gehört diese Farbe denn überhaupt an Füße? An so große Füße? Ach, entscheiden Sie selbst. Tyra jedenfalls wirkt am Ende nicht wie ein Supermodel, eher wie eine Cartoonfigur namens Hello Kitty, die man auch auf ihrer Handtasche sieht. Oder wie ein Eis am Stiel. Schon grauenhaft unfair, wie leicht so schöne Mädchen ihren Willen durchsetzen.

RC

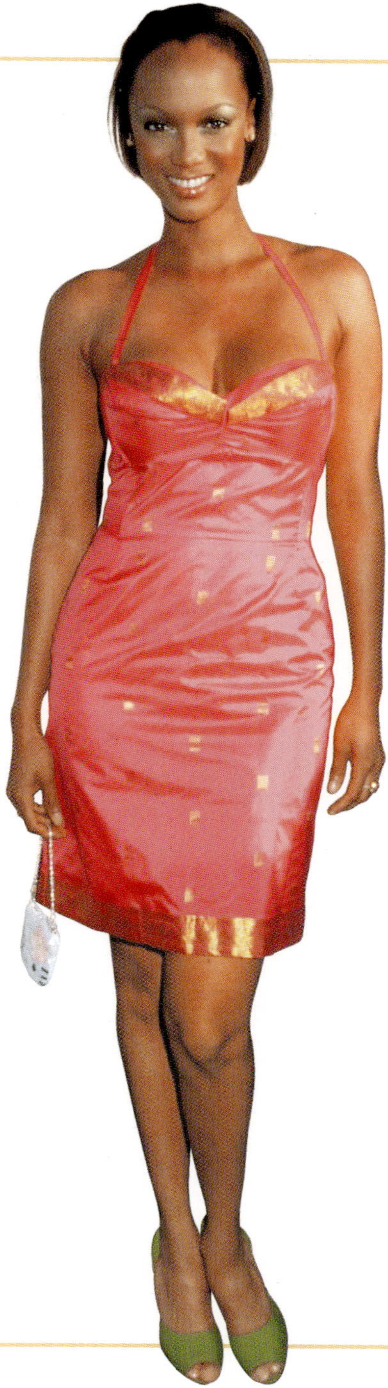

Hier läuft das ganze Elend zeitgenössischer englischer Popmusik. Sieht super aus – auf den ersten Blick. Auf den zweiten erkennt man: Das ist nicht Ray Davies von den Kinks, nicht Rod Stewart mit natürlicher Haarfarbe, auch nicht der englische Supermod Paul Weller, der noch 2020, wenn die Sechziger sechzig werden, von seiner total schicken Wut auf die Verhältnisse faseln wird, von Working class, dem Union Jack und seiner Lambretta. Der auf diesem Foto macht die nur alle nach. Eine Regel gibt's, die gilt für Mode und die Popmusik: Bitte nicht langweilen! 1967 sieht man am besten wie 1967 aus, '99 wie '99. Und immer so weiter. Aber gratulieren wir Liam Gallagher, dem Oasis-Sänger, doch erst mal zu seinem exzentrischen Style. Der sah ja nie besser aus – bisher eher wie ein Oasis-Fan: Junger britischer Arbeitsloser hat nichts außer dem Stolz, ein junger britischer Arbeitsloser zu sein. »Wir sind die Stars!« signalisierten Liams billige Trainingsjacken. »Aber letztlich trinken wir alle dasselbe Bier.« Hinter jeder Verwandlung steckt eine Frau – in diesem Fall Patsy Kensit, die Wiedergeburt des Ex-Starlets Britt Eklund, zur Zeit Liams Ehefrau. Die sagt ihrem Schatz sicher Sachen wie: »Du könntest eigentlich toll aussehen, Liam«, mit Betonung auf dem »eigentlich«. Liam versucht es zu seinen Bedingungen: Die »Sergeant Pepper«-Uniformjacke ist vielleicht von Prada, die Desertboots von Clarks, das Bordgepäck von Burberrys. Sieht, wie gesagt, alles toll aus – zeigt bloß nicht in die Zukunft, sondern zurück in die sechziger Jahre, und so geht's nicht: Hat ja nie einer behauptet, daß cool aussehen einfach ist. Vielleicht nimmt sich der Popstar mal ein Beispiel an seinem Kumpel, dem Ex-Take-Thatler Robbie Williams. Der singt in seiner sensationell schlechten ersten Solo-Single: »I hope I'm old before I die.«

MvU

So – bedeutet uns diese Frau hier –, da bin ich also, noch Fragen? Und tatsächlich, hier steht eine, deren Kleidung überhaupt keine Ungereimtheiten aufweist. Sie sehen ja selbst: Das blaue Hemd ist gebügelt und richtig zugeknöpft. Das T-Shirt darunter ist blütenweiß, das Armee-Sakko darüber lässig. Die schwarze Lederhose hat keine Kniebeulen, dafür drücken, modisch mager, die Hüftknochen von innen dagegen. Dazu noch schwarze Stiefeletten mit vernünftigen Kappen und Absätzen – unmißverständlicher kann wohl keine Frau ausdrücken, daß Sie's schön und praktisch liebt. Deshalb würde ich am liebsten nur über das goldene »G« sprechen, das über ihrem Bauchnabel sitzt und magnetische Anziehungskraft hat. Die Prominenz dieses Buchstabens erinnert ein bißchen an das »S« auf der Brust von Superman. Er steht für das italienische Label Gucci. Und an dieser Frau hat er sogar noch eine heimliche Extrabedeutung. Er steht für: »Gesine«. So nämlich heißen die hübschen Töchter aus Hanseaten-Familien, die ihre blütenweißen T-Shirts und gebügelten Hemden in die Hose stecken, echte blonde Pferdeschwänze und echte blaue Augen haben, eine Seife- und Haferflocken-Sauberkeit ausstrahlen und wegen der guten Lage (Skifahren, Italien) in München BWL studieren. So eine Gesine lacht viel und hat charmante Flausen im Kopf. Ältere, stinkreiche Männer fliegen auf sie, weil sie sich an ihrer Jugend, ihrem Humor und ihren roten Wangen berauschen wollen. Wenn so eine Gesine schlau ist, stampft sie kurz mit dem Fuß auf, schickt sie alle zum Teufel und wird selber Managerin. Wenn nicht, heiratet sie einen der alten Knacker. In diesem Fall wird sie das »G« an ihrem Gürtel mit einem »A« austauschen. Das steht dann leider nur noch für »Aigner«. RC

Der ist so unmöglich, dieser Anzug; die sind so sagenhaft voll daneben, blöd und peinlich diese Schuhe – das sieht die doch genauso. Da lacht die doch auch drüber. Wie? Lacht nicht? Das stimmt natürlich auch wieder. Jedenfalls käme ich mir jetzt zu schlau vor, fast penetrant eindeutig im Recht, mich vor der aufzubauen und zu behaupten: Sie! Schauspielerin! So nicht! Noch nie! Es gibt die Gelegenheit nicht, bei der ein dreiteiliger Nadelstreifenanzug, dessen Pumphosenbeine gut zehn Zentimeter zu lang auf Clownspantoffeln aufsetzen, das richtige Kleidungsstück wäre. Gab's nie! Wird es niemals geben! Schon gut. Hier hat man einmal Lust, einen großen, weil gleichermaßen dämlichen wie populären Satz abzustellen, der heißt: Wie unfair, Menschen nur nach ihrem Äußeren zu beurteilen. Echt! Unfair! Das gute Gesicht der Corinna Harfouch gibt eindeutig mehr her als ihre eben nicht so gute Kleiderwahl. Gemein. Unglücklich gelaufen. Es gibt ihn also, den berühmten schlechten Tag. An dem bekam die Schauspielerin offensichtlich den Grimme-Preis verliehen. (Der ist vielleicht häßlich! Egal? Nicht schlimm? Okay.) Drei Punkte, die für Harfouch, die Gute, sprechen: Sie trägt keinen Schmuck (bescheiden), auch keine Dauerwelle (immer schlau). Sie kommt aus den immer noch neuen, den ehemals sozialistischen deutschen Bundesländern, wo gute Kleidung aufzutreiben schwer war. Ganz, ganz schwer.

MvU

Der Blick, *dieser Blick,* so durchbohrend und doch verwundbar – aaahhh. Ein lila Samtjackett – aha. Ein ausgefranster Schal – was mag er wohl bedeuten? Alte rotbraune Schnürschuhe (an den drolligen kleinen Füßen, hihi) – irgendwie intellektuell. Dazu eine robuste schwarze Bundfaltenhose und schließlich ein wollenes Wams. Aufgepaßt: Hier versucht einer, als Bertolt Brecht durchzuschlüpfen! Oder zumindest als falschverstandener Künstler seiner Zeit, ein blasser. Es funktioniert aber auch ganz gut. Der Mann ist natürlich kein armer Künstler. Er ist auch nicht etwa irgendein Manfred aus Passau, der erkältet ist und nur mal schnell ins Kino wollte. Er ist der vielbeschäftigte britische Filmschauspieler Jeremy Irons, und seine Zeitgenossen, vor allem die weiblichen, verstehen ihn ganz richtig. Sie kaufen ihm die schwindsüchtige Nummer gern ab. Genau wie seine Rollen in Liebesdramen, IRA-Dramen, Historiendramen, Hauptsache Dramen. Derweil kommt er mit allem durch: mit schlechten Action-Komödien, mit prätentiösen Outfits, mit Ehebruch. Mehr noch, viele Frauen halten ihn für einen erotischen, unergründlichen Über-Hammer. Toll, wie er das hinkriegt. Einfach nur mit diesem Blick und einem Schal. Das eigentliche Problem an Jeremy Irons ist doch: Er legt keinen Wert darauf, seinesgleichen zu gefallen. Viele Männer halten ihn folgerichtig für eine Vollniete. Ich werde mich ihnen in diesem speziellen Fall anschließen und sagen: Jeremy Irons ist so unergründlich wie eine Pfütze. Was ihm fehlt, ist ein ordentlicher Adrenalinstoß. Und Burt Reynolds als Mitbewohner.

RC

Kennt man gut, diesen Typ mittelalte Dame; sieht man aus irgendeinem Grund auch immer öfter – bevorzugt da, wo die Dichte an Antiquariaten, Silberrähmchen-Läden, vegetarischen Restaurants und geschmackvollen Einrichtungshäusern, die Holzenten verkaufen, besonders hoch ist. Diese Dame ist 49, bleibt das auch noch einige Jahre und hat Geschmack. Vielleicht ist das schon das ganze Problem. Sie kauft gern Stoffe ein, behaupte ich jetzt mal einfach so – und liege damit garantiert richtig. Einen Hinweis darauf gibt der Lappen, der ihr über der Schulter liegt – halb Schal, halb Teppich, ein esoterischer Indien-Wohlfühllappen. Bei diesem Typ Dame sind seit zehn Jahren die Kinder aus dem Haus, schon im ersten Toskana-Urlaub hat der Ehemann sich als unmöglich ernstzunehmender Waschlappen herausgestellt, und nun lohnt nicht mehr viel in diesem mittelalten Leben. Sie verbringt ihre Nachmittage damit, in Holzenten-Einrichtungshäusern Stoffbahnen anzufassen, da näht sie Gardinen draus, Tischdecken, lustige Mitbringsel. Bildungsbürgerliche Umstandskleidung, wie man das wohl nennt, ist ja immer besonders leicht zu dekodieren. Der Metallarmreif: Ich habe Rheuma und bin abergläubisch. Der dezente Nagellack: Ich habe den neuen Peter Høeg gelesen – du, toll, einfach toll. Der Bastgürtel über dem Samtpullover: Diese Dame hat in den Siebzigern LSD probiert – also, bitte, wild waren wir und spießig nur die anderen! Geschenkt. Ich könnte jetzt noch so platt sein zu behaupten, daß diese Schnürstiefelchen mich an Volkshochschule erinnern, aber so platt bin ich nicht. Die Frisur der mittelalten Dame ist perfekt, äh, akkurat, äh, ihrem Alter entsprechend unprätentiös, äh ... weiß jetzt auch nicht. No risk, no fun. Diese Dame hat eine Biographie. Andere Menschen haben nur Kleider an.

MvU

Der Aufzug des Theaterintendanten Leander Haußmann läßt sich in einem Wort beschreiben: flatterig. Der lange Mantel, Kamelhaar, flattert um den Körper, das lange Haar flattert um den Kopf, die blaue Jeans flattert um die Beine. Insgesamt ist das, würde der Engländer sagen, wenig »flattering«, also schmeichelhaft. Schöner wäre doch mal was Enges. Oder ein, zwei Farben, sauber durchgehalten. Doch richten wir das Augenmerk auf Teile, die den Flatterkram ein bißchen erden: ein dicker, eisenbeschlagener Gürtel, vielleicht von einem befreundeten Schmied oder Kunsthandwerker, der auch dicke schwarze Uhren herstellt; schlichte schwarze Schuhe, kein modisches Zugeständnis an die vergänglichen Farben Braun oder Beige (die doch sicher ganz gut mit dem Kamelhaarmantel harmoniert hätten?!). Und ein blaues Hemd mit dünnen, weißen Streifen, wie es gestandene Werftarbeiter tragen oder intellektuelle Protestsänger, die Arbeiterklassen-Feeling verbreiten wollen. »Wenn's drauf ankommt«, signalisiert so ein Hemd, »dann pack' ich auch gern mal mit an.« Und die Ärmel sind ja auch schon hochgekrempelt. Ein echter Reim kommt allerdings nicht heraus. Kriegt Sie, Herr Haußmann, überhaupt jemand zu fassen? Wie, Sie sind so beschäftigt mit den Proben an der Bayerischen Staatsoper? *Die Fledermaus* inszenieren Sie? Alles klar.

RC

WATERLOO

Heimlich träumt man vielleicht davon, daß Kinder mit wüsten Fantasieuniformen – barfuß, Indianerfedern in den Haaren – durch die Straßen ziehen, Dosen an Bindfäden im Schlepptau und »Hep! Hep! Hier kommen wir!« schreien. Die kleinen Asozialen, Pippi Langstrumpfs und Huckleberry Finns, könnten so die verklemmten Kleidercodes der Erwachsenen rächen, die doch immer nur von Status handeln, von Geld und Macht und anderen langweiligen Mißverständnissen. Es ist aber: doch anders. Kinder sehen wie MC Hammer aus, wie Wallstreet-Broker oder wie die Biene Maja. Die brauchen noch nicht erwachsen zu sein – also sind sie's oft mit fast unheimlicher Selbstverständlichkeit. Dieses Mädchen würde ich dem Typ Biene Maja zurechnen. So eine hat man doch sofort gerne, wie sie auf Staksbeinen, die sprunghaft wachsen, ihre Balance sucht – eine Hand greift den Orangensaft von Cappy, die linke sucht. Schade, daß sie überhaupt keine Segelohren hat, sonst könnte sie wegfliegen. Wir sehen: Die soll nicht frieren. Ferner muß dieses Mädchen ertragen, daß Eltern Kinder wie Buntstiftkästen anziehen. Orange (Wattejacke) und Rot (Billigjeans zum Reinwachsen) und Blau (Reißverschluß-Stiefelettchen) sind lustige Kinderfarben. Blau-weiß-gelb-gestreiftes Leibchen – yippie, ist das süß! Daß Eltern dazu neigen, ihre Kinder als Kinder zu verkleiden, erträgt dieses Kind mit Würde. Erwachsenwerden heißt eben auch, den Eltern verzeihen zu lernen. Auf, Mädchen! Wirf weg, was dich nur runterzieht, und flieg davon! Keine Angst!

MvU

Langer grüner Stiel, roter Kopf und ein Mann, der viel dafür bezahlt – da handelt es sich um eine Baccara-Rose, würden Sie jetzt sagen. Gemeint ist aber Nicole Kidman. Sie ist genauso perfekt gewachsen und zieht sich so gut an, wie die Rose duftet: Schillerndes Grün beispielsweise mag bei manchen Menschen aussehen wie Schimmel; zu Nicole Kidmans kupferrotem Haar wirkt es wie Gold. Ihre schulterfreie Robe, so muß man dieses Kleid nennen, schmiegt sich an Brust, Taille und Hüften, als wäre es dort angewachsen. Ein mit Pelz gesäumter Schlitz verweist auf ein perfekt geschwungenes Bein. Alle Achtung. Diese Formvollendung schafft neben der Natur nur eine Maßanfertigung von John Galliano für Dior. Von ihren etwas zu groß geratenen Ohren und Händen lenkt Nicole Kidman mit Schmuckstücken aus goldenen Beeren ab. Und sie verzichtet getrost auf die Sensation ihres Ausschnittes, fesselt den Betrachter statt dessen mit einem verschlungenen Blumengebilde – ganz zeitgemäß im China-Stil. Nicht selten wird Nicole Kidman mit einem romantischen Botticelli-Engel verglichen. Dabei ist sie raffinierter als Poison Ivy, die männermordende Blumenfee in *Batman & Robin.*

RC

Erst neulich wieder kam ein Deutscher aus Los Angeles zurück mit der Nachricht, er habe Sean Penn, den Oscar-Preisträger aus *Dead Man Walking*, am Pool vom Hotel »Sunset Marquis« getroffen, und das habe ihn verwirrt, erschreckt, ja, letztlich auch wütend gemacht: Sean Penn sah aus wie ein Schwein. Er war barfuß, trug eine Radlerhose und einen feuerspeienden Drachen mit bunten Plastikperlen auf der Windjacke, spielte mit einem Handy, und als die Kellner wegschauten, krakeelte er: »Garçon! Some more Moët & Chandon!« Ja, nun. Sean Penn ist der amerikanischste Amerikaner von Welt. Sein Stil: Wilder Westen, eine Holzhütte mit privatem Schießstand in den Rocky Mountains. Nicht Prada, Gucci, Giorgio Armani und die Stoffe der antiken europäischen Zivilisation, sondern Turnschuhe, Cowboystiefel, Levi's mit Reißverschluß und die Feinrippunterhosen von Hanes. Er trägt diesen Mist nicht nur, er glaubt daran – Sean Penn gehört zur aussterbenden Spezies der american believer: gegen Abtreibung, für die »Operation Desert Storm«, gegen Nouvelle Cuisine, für Hamburger, gegen Deodorant, für Schwitzflecken. Scheußlich muß das aussehen, weil die Propaganda individueller Freiheit in den USA traditionell rechtes Ideengut ist. Nur in der ehemaligen DDR waren die Menschen noch häßlicher angezogen als im amerikanischen Mittelwesten, und der King dieser wandelnden Mülltonnen heißt Sean Penn. Und er ist noch stolz darauf. Das nennt man zeitlose Coolness. Er kriegt den Champagner umsonst. MvU

D&G

Würden Sie sagen: »Diese Frau sieht nach ein paar Millionen Dollar aus«? Wir nicht! Apfelwangen, breite Stupsnase, kein Schmuck – so stapft eine der erfolgreichsten amerikanischen Sängerinnen unbeirrt durchs Glamour- und Showgeschäft. Nun, Mariah Carey hat nicht nur ein paar Millionen: Sie vermittelt mit ihrem Auftreten auch ein paar Millionen Teenagermädchen das Gefühl, eine von ihnen zu sein – natürlich, sportlich, durchschnittlich. Wie sie das nur macht? Hier eine kleine Anleitung für Sie – und für Ihre Töchter, die wiederum wie Mariah aussehen wollen: Ein Turnhemd beispielsweise hat jeder im Schrank – es muß ja nicht unbedingt von Dolce & Gabbana sein. Ein schwarzer Rock dazu (umnähen oder gleich abschneiden) und irgendein schwarzer Pulli, locker um die Hüften geschlungen: fertig für die Disco. Ein Trick, der sexy wirkt, nichts kostet und den jeder kennt, der Brooke Shields in *Die Blaue Lagune* gesehen hat: die Haare vor dem Busen drapieren. Vorher die Locken mit dem Bügeleisen »plätten« (sollte man nicht zu oft machen!). Das einzig Kapriziöse und Teure an diesem Look: die hohen Samtpumps mit den kleinen Riemchen und langen Spitzen. Sie machen Mariahs Beine noch länger. Selbst auf diesen Zehn-Zentimeter-Absätzen läuft sie so – erdverbunden, als würde sie nebenbei noch schnell einen Fußball ins Tor treten. Also: Falls Sie noch kein Weihnachtsgeschenk haben für Ihre halbwüchsige Tochter – wie wär's mit einem Paar Killerpumps? Sie wird selig sein. Und in den Ferien kann sie darauf, zu Mariah Careys neuer CD, das Tanzen üben. RC

Hier steht ein grundkorrekt gekleideter Mann. Hier steht einer, der es sich leisten kann, im Anzug zu lächeln. Hier steht einer – und jetzt wird es spannend – der im Anzug lächeln und die Arme hängenlassen kann. Das schafft sonst kaum einer. Tom Cruise sähe nur wie Tom Cruise aus, der die Arme hängen läßt. Samuel L. Jackson aber, der in *Pulp Fiction* einen Gangster spielte, scheint zu faul – besser noch: zu gefaßt, stolz, wohlerzogen –, um sich beim Ziehen der Waffe das Jackett zu zerknittern. So einer hat diesen Anzug fünfzigmal im Schrank hängen, neunundvierzig in Anthrazit, einen in Rosa. Und einen Jogginganzug. Die Krawatte, vielleicht von Zegna, sieht bei Sam wie eine Krawatte aus, nicht wie ein Videospiel, ein Papagei, ein buntgefärbtes fliegendes Meerschweinchen. Blaue Wildlederschuhe wirken wie blaue Wildlederschuhe: keine weiteren Fragen. Hier erklärt sich, was alle tausend Jahre einmal vorkommt, Kleidung ganz aus sich selbst heraus. Kleiner Rückblick: Wir sehen Sam, zehn Minuten vorher, wie er in der Wanne liegt, Schaumflocken auf der Glatze, eine Soulnummer von Al Green hört und Tanya – so heißt seine Frau, die gerade in der Küche werkelt –, zuruft: »Baby, leg mir was Festliches raus!« Wenn ein Gangster wirklich Einfluß hat, trägt er keine schweren Ringe, keine Krawattennadel, nicht mal ein Einstecktuch. Dann vertraut er ganz dem Stil seiner Ehefrau. Dann wirkt er, angezogen, wie das Empire-State-Building: Perfektion. Dieser Sam braucht – 25 Jahre, nachdem James Baldwin das Drehbuch zu *Malcolm X* schrieb – nicht mehr zu beweisen, daß Schwarze die besseren Basketballer, Tänzer und Anzugtypen sind. Dürfte mich auf der Leinwand einer erschießen, dann dieser Gentleman. In diesem Anzug. Mit diesem Lächeln. Das wär's. MvU

Hier haben wir Jürgen Vogel, einen sexy Jungen, der beschlossen hat, das Beste aus seinem Typ (windschief-blond-schmächtig) herauszuholen: Schauspieler werden – Handy kaufen – Haare ab – rein ins Fitneßstudio! Seinen durchtrainierten Oberkörper umspannt, schön eng, ein Marken-T-Shirt. Es kann außerdem die blauen Augen des Jürgen Vogel noch blauer erscheinen lassen (die Sonnenbrille hat im Winter natürlich Pause). Die abstehenden Ärmel lenken davon ab, daß die Schultern nicht waagerecht gewachsen sind, sondern sich, wie schneebeladene Tannenzweige, nach unten neigen. Im Hüftbereich ist viel los bei Jürgen Vogel. Können Sie erkennen, was da so gestreift um die Taille herumgeknotet ist? Ein Nickipullover? Ein Sweatshirt? Ein Küchenhandtuch? Was es auch ist, optisch verlagert es die Taille nach oben und verlängert so das Bein. Eine gute Idee für jeden Mann, der kleiner als 1,80 Meter ist. Jürgen Vogel wird zwar bald dreißig, aber er hat sich seine Bewunderung für jugendliche Rebellen und Abenteurer bewahrt. Oder würden Sie abgewetzte Jeans, Oberarmtätowierung und Daumen in Hosentaschen anders deuten? Nun besteht ein Unterschied zwischen jugendlich und kindlich, und da sind wir schon bei den Turnschuhen. Problematisch. Sie wirken so klein, so klobig. Wie Luftkissenboote oder kleine Mondfahrzeuge. Eben wie Kinderschuhe, denen so ein sexy Junge wie Jürgen Vogel lange entwachsen sein müßte. RC

Ist die nicht nett? Reizend? Rührend? Sieht so nicht eine Herzensbrecherin aus? Mir kommen gleich die Tränen – nee, echt. Es heißt ja, dieses zauberhaft geblümte Häuflein, das die Briten mehr lieben als ihren Fußball, ihren Tee, ihre Popmusik, sei in Wirklichkeit nicht größer als 1,10 Meter. Nette Vorstellung. Die war schon immer da – das ist ihr Style. Sie wurde 1900 als Elizabeth Angela Marguerite Bowes-Lyon geboren, um sich 1923 mit Prinz Albert, dem Herzog von York, zu verloben. 1923! Verlobt! Nicht auszudenken, wie wahnsinnig die Briten lieben werden, wenn ihre Queen Mum noch mal 99 Jahre lebt und dabei unter einen Meter schrumpft! Gerade soll die alte Dame ja wieder bei einem Gin-Wetttrinken gewonnen und in Partylaune – voll abgedichtet, versteht sich! – vom Buckingham-Palace-Balkon ihren Fans gewunken haben. Wie schaffen die Royals das bloß immer, wie Putzfrauen auszusehen? Richtig, nie ohne Hut! Nie ohne Schleier, Perlenkettchen, Stöckchen, die Sorte mit Elfenbeingriff – Insignien von Macht und Understatement. Irre komisch auch die weißen Daisy-Duck-Pumps. Das Lippenstift-Rosé! Das Goldlöckchen! Wenn das Etikette ist – verstanden. Und: einverstanden. Wie anständige Untertanen wollen wir uns benehmen und applaudieren: God save Queen Mum.

MvU

In ihrer piekfeinen Party-Montur steht die Schauspielerin Winona Ryder da wie ein kleines Fragezeichen. Kostbar geschmückt, von Kopf bis Fuß in Pink gewandet, umrahmt von Schleppe und Stola, scheint sie sich zu fragen: Habe ich da nicht ein bißchen zu dick aufgetragen? Der Vorteil von Frauen wie Winona ist, daß sie ihr Leben lang wie Mädchen wirken. Der Nachteil ist, daß sie leicht wie Mädchen wirken, die sich mit den Kleidern und dem Make-up ihrer Mütter ausstaffiert haben. So wie Winona hier, die für ihren Aufzug tatsächlich ein bißchen zu dick aufgetragen hat. Um es kurz zu machen: Das Kleid hat eine scheußliche Farbe. Scheußlich deshalb, weil seine Trägerin sich mit allen Mitteln aufdonnern mußte, um nicht furchtbar blaß darin zu wirken. Zufällig wissen wir, daß es sich dabei um ein teures Couture-Kleid handelt. Und dazu hätten wir auch eine Frage: Wenn diese Farbe Winona schon nicht steht, wem steht sie dann? Die Finger umklammern – hey, ziemlich fest! – das kleine Handtäschchen. So fest, daß die Knöchel weiß hervortreten. Ein schlechter Rettungsanker, die Tasche, zumal auch sie die scheußliche Farbe des Kleides hat. Es ist im allgemeinen eine schlechte Idee, sich von Kopf bis Fuß in einem Ton anzuziehen. Warum? Weil es bemüht wirkt und gleichzeitig ein bißchen ängstlich. Recht kleinlaut lugen die Schuhe unter dem Saum hervor. Das ist es: Winona Ryder hat Angst vor dem Kleid. Zu Recht. Zu spät. Und wir müssen tatenlos zusehen, wie erbarmungslos das Kleid das Mädchen plattmacht. RC

Kunscht! Kunscht! Schwer, bei dem was Schlaues zu sagen, weil das doch ein Künschtler ist – so richtig mit Ölfarbepanschen und Staffellage! Vielleicht sieht heute nichts so geschafft, so staatstragend abgeklärt und desillusioniert aus wie das junge Wilde der bundesrepublikanischen siebziger Jahre, das eben echt mal jung und wild war. Altern muß nicht immer schön sein. Ach ja, der Arme. Den nehmen wir uns, damit's echt schmerzt, von oben bis unten vor. Ganz oben: nichts. Zum Ausgleich, weiter unten: Haare, und jetzt sind wir erst beim Bart! Falten um den Mund verraten, wie sehr einer sinnlichen Freuden zuspricht: Dem hat's geschmeckt! Entschuldigen Sie, Herr Maler, Sie haben da so was fettes Goldenes am Ohr, wischen Sie das mal weg! Wie? Geht nicht? Hängt fest? Ach so. Zurück zum verrutschten Haar. Es ist ganz unmöglich, die sexuelle Komponente dieses Glatze-Sieben-Tage-Bart-Dings zu übersehen, das er, der Immendorff, ja immerhin erfunden hat. (»Sexuell« bitte mit weichem S aussprechen, sonst wird es eklig, schönen Dank.) Bäcker sollten keine Brötchen auf der Krawatte tragen, wirkt immer ein bißchen einfältig, Segler keine Segelschiffe und Maler ... ja. Wo Sexualität Bewegung bedeutet, muß der Anzug bremsen: Der tut's. Ein gutes Stück. Die polierten Botten? Hier steht ein echter Mann mit all seinen, hihi, Stärken und Schwächen. Der hat noch Wumms in den Fäusten! Sie! Verehrung.

MvU

Ein bißchen bäuerlich steht sie ja da, die Schauspielerin Claire Danes, auf ihren dicken schwarzen Lacksandalen. Ihre mißmutige Miene, ihre blickdichten Strümpfe (getragen in Los Angeles) und ihr Alter (18) deuten auf Schnittwunden beim Rasieren hin. Und doch: ein Treffer, dieser Aufzug. Die derben Schuhe und Strümpfe zu dem zarten Rüschenkleid – das nenne ich eine unbekümmerte, fast frivole Art der Anmut – so kriegen das sonst immer nur halbentkleidete Stubenmädchen hin. Das rote Kleid übrigens stammt nicht etwa aus Oma Danes' Wäscheschublade, sondern von der italienischen Modelinie Miu Miu. Sie haben sich bestimmt schon gefragt, was die zarten weißen Schleifen an der Seite zu suchen haben. Nun, da gehören sie hin, genau wie der Ring auf den Zeigefinger, als Beweise für den charmanten Eigensinn der Jugend. Die Zahl Zwei spielt hier noch eine wichtige Rolle. Und zeugt, bei allem Eigensinn, doch von Claires Bedürfnis nach Ausgeglichenheit: Sie trägt zwei Kleiderschichten übereinander, dazu zwei kleine Haar-Antennen, gebändigt von zwei abstehenden Ohren. Und zuviele Portionen Gel. Schauen wir einmal insgesamt. Schwarz wie Ebenholz, rot wie Blut und weiß wie Schnee: Erinnert Sie das an etwas? An Schneewittchen vielleicht, aber bestimmt nicht an Claire hier. Die wirkt doch eher wie ein entzückendes Fräulein Liederlich. Daß sie nicht frivol die Röcke rafft, sondern versucht, ihre Strumpfhose dingfest zu machen, können ja nur Eingeweihte wissen.

RC

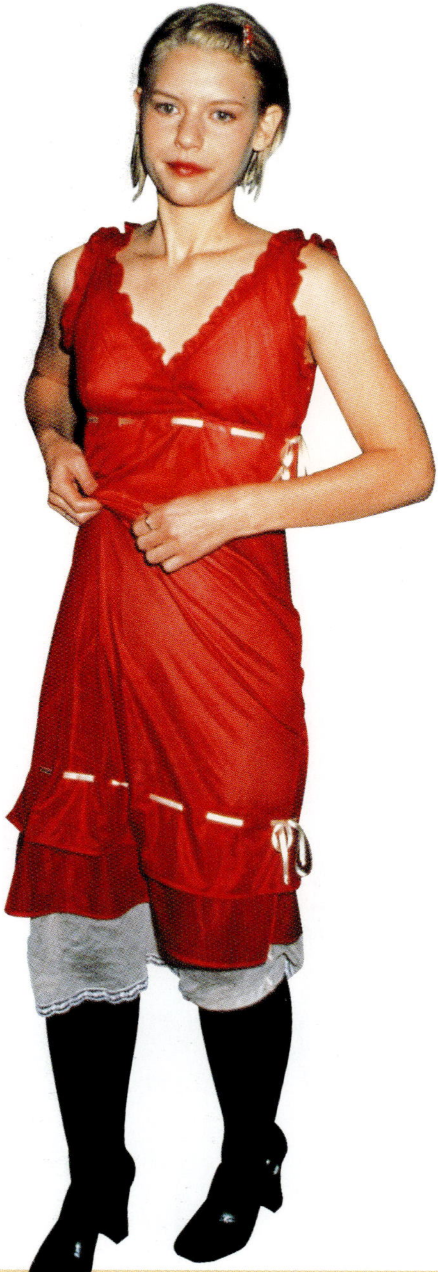

Meg Ryan. Das ist die, die sich in Filmen immer verliebt, und dann passiert nichts mehr. Irgendwann hat sie mal herausgefunden, daß man als mäßig attraktive Frau am besten auf Hamster macht. Auf Goldhamster natürlich. Dann finden einen alle sweet, nie einfach blöd, dafür cool und geil und – Schluß jetzt! Bloß keine Aggressionen erzeugen. Was einen ja komischerweise immer besonders aggressiv macht. Man stellt sich vor, daß dieser Star Los Angeles wegen seiner Strände mag, gern Salat ißt und Tom Hanks für einen guten Typen, tollen Schauspieler und echt unkomplizierten Kollegen hält. Bravo, Hollywood! Da haben Sie uns ja wieder mal großartig unterhalten. Weiter sieht man, daß sie es crazy findet, bei dreißig Grad einen Kunstpelzkragen zu tragen. Der Mantel ist natürlich ein Hammer. Er paßt in etwa so gut zu dieser Person wie ein Versace-Bikini zu Claudia Nolte. Haha. Der sitzt aber. Und jetzt, Frau Ryan – was in Ihrem Heimatland gern mit riesigen Geldstrafen bedacht wird, bei uns aber leider weniger kostet –, jetzt Sweetheart, geht's unter die Gürtellinie: Was trägt sie drunter? Nichts? Nur eine Perlon-Strumpfhose? Ey! Das ist uns aber auch egal. Wir stellen im einzelnen fest: Diese Schuhe sind spießig. Blau (Augen) und Rot (Mund) gehen toll zusammen. Grün, auch dieses golddurchwobene der schicken Firma Vera Wang, ist die klassische Farbe, die niemandem steht. Ihnen aber schon! Weil Ihnen alles steht! Jawohl! Jawohl! Ach, Hamsterbäckchen.

MvU

Die Behauptung, dieser Mann sei ein harter Hund – meine Herrschaften, heute nicht. Wir werden nun alle Vorurteile – »zynischer Art Director trägt Grau, um es allen Kunden recht zu machen; er heißt Horst, und er ist auch einer« – über Bord werfen und sehen, was dabei herauskommt. Dieser Mann offenbart zahlreiche Tugenden. Ein längeres Hosenbein – Humor. Schiefe Krawatte – sympathische Zerstreutheit. Feine Lederschuhe – Stilgefühl. Wie es weitergeht? So. Gutmütig pariert er die Witze, die seiner Stirnglatze gelten – er hat sie alle schon einmal gehört und den Gedanken verworfen, seine Brille könne davon ablenken. Ungemütlich wird er dagegen, wenn Schwächeren ein Unrecht getan wird. Dann rutscht ihm schon mal die grobe, rote Hand aus. Mit derselben groben, roten Hand fabriziert er zu Ostern feinziselierte Eierbemalungen mit seinen vier bis sieben Kindern. Für sie imitiert er zu Hause auch mal einen Elefanten, einen Esel oder irgendein anderes lustiges Grautier. Und? Glauben Sie an diese Interpretation? Ich eigentlich nicht. Andererseits: Wollen wir einen wie den Schriftsteller Michael Ende beim Wort nehmen, in dessen Hippie-Fantasien Herren in grauen Anzügen böse sind? So dumm sind wir nicht. Dieser Mann ist sogar noch schlauer. Er schafft es, sich ausgerechnet in Grau interessant zu machen. Er läßt uns drauflosfabulieren, ohne eine Miene zu verziehen. Wahrscheinlich ist er einfach unterwegs zu der Einweihung eines Buchladens. RC

Tolle Frau. Man hört praktisch den Typen hinter der Kamera rufen: »Yes, Baby! I like it, Baby!« und sieht, wie sein Foto die Sekunde vor dem Moment einfängt, in dem Daryl Hannah, das Hollywood-Babe, links in der Hüfte einknickt und mit dem rechten Auge zwinkert. Planet Showbusiness. Was der Betrachter nicht sieht, erfindet er frech dazu – das ist erlaubt, darin liegt der ganze Zauber. Wie geht gleich der Text dieses Videos, das seit Jahren auf »Viva« läuft und so ziemlich alles verhöhnt, Bildung, Geschmack, das gute Popvideo, nebenbei das Konzept Sexyness, mit dem sich Geld verdienen läßt und Ruhm? »I'm a Barbie-Girl, in a Barbie-World ... imagination, celebration.« Oder so ähnlich. Daryl Hannah ist einen Meter und 83 Zentimeter hoch, und obwohl sie hart auf die Vierzig zugeht, wächst sie noch dadurch, daß sie praktisch unerreichbar wirkt. So eine wollen Männer nicht anfassen, sondern anhimmeln, und Mädchen würden sie am liebsten immerzu aus- und anziehen – ein echtes Barbie-Girl. Klar, daß das Showgirl das Unwirkliche seiner Erscheinung in dem bißchen Kleidung, das es unseren Blicken bietet, inszeniert. Diese Beine sind definitiv im Labor entstanden, der makellose Festival-du-Film-à-Cannes-Teint im Sonnenstudio. Daryl braucht nur ein Augenzwinkern, so scheint es, damit der Lack ihrer Fußnägel von Weiß auf Lila umspringt. Diese Honighaare sind zu honigfarben, das Blumenkleid zu blumig, die Sandalettchen zu blendend reinweiß, um echt zu sein. Marken lassen sich selbstverständlich nicht erraten. Lipgloss – tut das nicht weh beim Küssen? Mann, ist das toll. Überhaupt, Barbie-Babes in gelben Mänteln aus gechintzter Baumwolle: so toll. MvU

Rote Haare, Sommersprossen sind des Teufels Volksgenossen – eine mittelalterliche Weisheit und schon oft gehört, nicht wahr? Eine andere Weisheit, die rothaarigen Mädchen immer wieder von Müttern und Modezeitungen eingetrichtert wird: Wenn du keine blöden Sprüche einheimsen willst, sondern Komplimente – dann trage die Komplementärfarbe Grün! Letztere stimmt übrigens. Also los geht's, Miss Angie Everhart: Sie sind zu Recht ein Supermodel und ein zu Unrecht belächeltes Hollywood-Starlet. Sie sind keine Hexe, sondern eine wunderschöne Rachefee, ein Flammenwerfer, der Leute mit dummen Sprüchen zu Asche werden läßt (dies, Angie, ist übrigens kein Kompliment, das auf alle Rothaarigen zutrifft, und wenn Sie jetzt kurz an Barbra Streisand oder Bette Middler denken, wissen Sie, daß ich die Wahrheit spreche). Ihre Schuhe, ein hochhackiges Paar weißer Sandalen, sind langweilig und deshalb klug gewählt, denn nichts soll von Ihrem dramatischen Auftritt ablenken. Sie wirken tatsächlich, als seien Sie gerade, begleitet von Nebelschwaden und einem gehörigen Knall, aus einer Erdspalte hochgeschnellt! Nur Ihre Schulterpolster, die verdienen kein Lob. Die verschwimmen mit Ihrer Haarpracht und Ihrem Bombendekolleté und sehen dabei aus wie die Kiemen eines nach Luft schnappenden Fisches. Wir erweitern Ihr Repertoire, Angie, um diese Weisheit des ausgehenden 20. Jahrhunderts: Nicht das Wasser, das Feuer ist Ihr Element. Werfen Sie die Schulterpolster einfach auf den Scheiterhaufen. RC

Jetzt nicht gleich wieder die Nase rümpfen! Der kann nichts dafür, daß Diana tot ist, und ohne ihn wäre sie nie die »Prinzessin der Herzen« geworden oder sonst eine Merkwürdigkeit. Also Respekt für Charles, den Herzensbrecher! Der hat den Alte-Herren-Oberkörper von Sean Connery, nicht den schlechtesten, leider aber auch das Gesicht von Alf, dem Außerirdischen – königliche Gene, ja, sagenhaft! Daß Charles auf die Macht wartet, die, hat er sie einmal, ihm nichts mehr nützen wird – schlimmer noch, ihn jetzt schon traurig und einsam macht, zum Deppen der Nation –, das sieht man seiner Kleidung an. Ein Anachronismus, aber alles maßgeschneidert. Ein Strohhut? Was soll denn das jetzt? Steht da, der Prinz, und hält dasselbe Ding in der Hand wie schon sein Urgroßopa – wirkt fehl am Platz. Oxfordhemd, Gabardinehose, Jerseygürtel, Gold an den Manschetten und am kleinen Finger – ist schon okay, aber zieht ihn das langweilige Zeug nicht runter? Thronfolger dürfen nie Markenkleidung tragen, nie öffentlich lachen, nie weinen, nie mehr als makellose Oberfläche sein, was den Verdacht nahelegt, daß der Prinz untendrunter einen schwarzen Lederslip trägt. Darüber muß man nicht lachen. Davor kann man auch einfach Respekt haben. Charles malt Aquarelle, vielleicht wäre er in einem seiner Bilder (*Fuchsjagd bei Essex*) besser aufgehoben als in der Wirklichkeit. Einer mit Klasse, der Charles. Hat's geschafft, daß die Leute zur Zeit keine Witze über ihn machen. Klug auch, daß er keine Ohrringe trägt.

MvU

Hier haben wir die großartige amerikanische Schauspielerin Mira Sorvino. Daß es sich auf den ersten Blick auch um irgendeine Hollywood-B-Ligistin handeln könnte, liegt daran, daß Mira ständig – manchmal zu ihrem Nachteil – die Frisur ändert. Mal sind ihre Haare platinblond gestuft, dann wieder honigblond glatt und jetzt mal erdbeerblond gelockt. Mira trägt hier, allem anderen voran, einen ziemlich dummen Gesichtsausdruck, das stimmt schon. Die Frisur und der schlechtsitzende Glitzer-Netz-Klimbim deuten auch nicht gerade auf Hollywood-Prinzessin hin, schon eher auf Schankspritze aus einer Bar in Anaheim/L. A. Doch Mira ist eine Schlaue. Woran man das sieht? Tja – an den Beinen. So wie es dumme und kluge Architektur gibt, gibt es nämlich auch dumme und kluge Anatomie. Dumme Beine haben die Form eines umgedrehten Kegels aus dem Geometrie-Unterricht. Die Knie, die Waden und die Fesseln stellen keine nennenswerten Unterbrechungen dar, denn sie sind nicht besonders ausgeprägt. Langweilig, weil berechenbar. (Claudia Schiffer hat solche Beine. Hannelore Kohl dagegen nicht!) Mira hat das unberechenbarste, das klügste Paar Beine, das ich mir vorstellen kann. Geraden und Kurven und Winkel in vielerlei Richtung und Hinsicht interpretierbar, und die Oberschenkel sind sogar noch schmaler als die Waden! Vielleicht habe ich mich auch noch nicht klar genug ausgedrückt. Eine, die bei solchen Beinen ein möglichst kurzes Netzkleid trägt und als Schuhe zwei glitzernde Streifen, die muß einfach klug sein. RC

Wenn Omas lächeln, wenn sich so ein Lebensabend lächelnd neigt – dann wird es nett. Das weiß diese Oma natürlich! Mit der würde man jederzeit, auch sonntags früh um neun, bißchen Zeit gemeinsam verbringen, also, weil es ihr Spaß macht, über ihren wunderbar gesaugten, den cremefarbenen Flausche-Teppich im zwanzigsten Stock ihres Altersheims kriechen und Memory®-Karten auslegen. Zwischendrin gibt's Törtchen, genau, und die liebe Alte erzählte – überraschend naiv! – vom Kriech (so sagen die lieben Alten doch zum Krieg, nicht wahr?). Man stellt sich ihren Mann vor, mit Stock, ebenfalls ganz in Beige, der einen Finger erhebt und wie zur Mahnung an die Jüngeren spricht: »Jetzt sind die Lotte und ich schon seit 47 Jahren verheiratet! Da werden wir die restlichen drei Jahre auch noch irgendwie schaffen, nich?« Bestimmt! Die Oma-Krankheit: beige (wenn nicht weiß, braun, grau, die gedeckten, stillen Farben also). Man begreift es nicht. Als bliebe nach jedem langen, natürlich oft bitteren! bösen! schmutzigen! Leben nicht mehr als die Sehnsucht, endlich rein zu sein. Doch begreiflich: so gesehen. Zu komisch, daß sich Omis immer Brillen aussuchen, die verkehrt herum aufgesetzt auch nicht schlechter als richtigrum aussähen. In der Handtasche, den Strickhandschuhen (nicht diesem merkwürdigen Halsbinder!) liegt doch ein Hauch von Klasse. Mäntelchen, Höschen, Schuhe: Gottchen, ja. Das soll alles lieb aussehen und erfüllt allein den Zweck, nicht aufzufallen. Ein strenges Urteil mit Nachsicht gesprochen: geht nicht, reicht nicht. Wer nicht auffallen möchte – in unserer buntgescheckten Fußgängerzonen-Republik –, fällt doch nur als unauffällig auf. Schaff dir einen Hund an, liebe Omi. Der mufft und steht im Weg. MvU

Diese Jacke ist fabelhaft. Hellblau, glänzend, bestickt mit einem Drachen, eine Top Rock-'n'-Roll-Jacke, wie aus dem Topfilm *American Graffiti*. Wo hat der Glückspilz Christoph Schlingensief sie wohl her? Wahrscheinlich aus einem Secondhandshop, wo ein Mädchen sie hingetragen hat, das den schönen, altmodischen Namen Melissa hatte und einen breiten Rücken. Dem Theater- und Filmregisseur Schlingensief paßt sie jedenfalls ausgezeichnet. Dazu trägt er ein schwarzweiß kariertes Rock-'n'-Roll-Hemd: gute Idee. Seine Frisur läßt sich dagegen nicht so gut deuten, so voll und platt und gleichzeitig elektrisch aufgeladen. Das läßt nur den Schluß zu, daß er bis vor kurzem eine Gummibadekappe aufgehabt hat. Und, daß er kein Mann ist, dem Mitte Dreißig die Haare ausfallen. Sie sind wohl neugierig, wie es mit ihm weitergeht? Auf Kniehöhe hat er ein Loch in der Jeans, an den Füßen trägt er schwarze Rabauken-Stiefel, und deshalb werden ihn die Frauen trotz seiner 38 Jahre noch eine Zeitlang »einen niedlichen Jungen« nennen. Ist Ihnen auch aufgefallen, wie trotzig er seine rechte Faust in der Hosentasche zusammenballt? Bedenken Sie: Vielleicht ist Schlingensief gar kein niedlicher Junge, sondern ein Schlingel. Der sich auf dem Weg ins Fotostudio schnell ein paar Frösche in die Tasche gestopft hat. RC

Oh Schönheit. Da wirkt es fast lächerlich, über dieses Kleid, dieses Handtäschchen, diese bestimmte Farbe Lippenstift oder Wimperntusche zu urteilen – so schön ist ein und alles dieser Frau. Die Frage ist doch, ob Helena Christensen, letzte Überlebende der Supergattung Supermodel (Cindy wirbt für MCM, Naomi hat sie nicht mehr alle, Kate wird Schauspielerin) im berühmten Sandsack nicht ähnlich umwerfend aussähe wie in diesem Kleid. Knapp und konzentriert die Antwort gegeben, bevor es in die Feinheiten geht: Hi, Helena, du hast es drauf. Wirst du mal fünfzig, werden deine Hüften, dein Busen, die hohle Milde um deinen Mund weiter in die Breite gegangen sein; so ehrfurchtsvoll weggetreten wird man von dir stammeln, wie von Catherine Deneuve – die kann mit der Praxis ihrer Schönheit über Gut und Böse ganzer Modehäuser entscheiden. Hier trägt Helena ein Kleid der elitären Londoner Neo-Hippie-Marke Voyage (geschätzter Kaufpreis für alle Nicht-Helenas: tausend englische Pfund). Nach ihr wollte Madonna diese Marke tragen, bekam aber kurzfristig keinen Termin; so ist aus Voyage eine moderne Fashion-Legende geworden. Silberne Ornamente schmükken den blauen Jerseystoff; Silber umspült den hochgerafften Saum; Silber kühlt nackte Haut – da würde der Betrachter gern seinen Kopf hinlegen, auf daß Helenas Arme ihn beruhigend umschließen. Ein Hohn ist der Plastikdiamant, der zwischen Helenas Augenbrauen klebt – sagt er doch nur, daß alle drei Augen zu keinem echten Gefühl imstande sind. Toller Trick, diese Frau. Man hätte sie – so – gern daheim in der Badewanne liegen.

MvU

Na – die Katja Riemann ist aber heute in Gönnerlaune! Behandschuhte Arme ausbreiten, Kopf zurückwerfen, Kehle hervortreten lassen und ein strahlendes Zahnlächeln – das ist seit Marilyn Monroe die unmißverständliche Geste für: »Ich bin von der Natur verschwenderisch ausgestattet worden – und gebe euch was ab!« Eine große, eine großzügige Geste. Eine Hollywood-Geste eben. Und da Katja Riemanns Kleid, so glitzernd, ausgeschnitten und eng, jenem ähnelt, in das man Marilyn hineinnähte, bevor sie »Happy Birthday, Mr. President« sang, da kann man wirklich sagen: Katja Riemann hat nicht nur Gönnerlaune, sie hat Glamour. Das helle Lila, das sie trägt, heißt auch Mauve. Und Mauve kann die Haut blonder Frauen zum Schillern bringen. Auf diesen Meerjungfrauen-Effekt, abgesichert durch drei Millionen Glitzerpailletten, hätte Katja Riemann sich ruhig verlassen und die altjüngferliche Federstola zu Hause lassen können. Nichtsdestotrotz, ein toller Aufzug. Ein seltsamer Bruch erwartet uns aber doch noch: die durchsichtigen, weichen Netzschuhe, durch die sich Katja Riemanns Zehen drücken. Sie sehen aus wie »Füßlinge«, diese kleinen Nylonsocken, die man bei gutem Wetter anzieht, weil man ungern Schuhe ohne Socken trägt und gern vorgeben möchte, daß man Schuhe ohne Socken trägt. Daran, aber auch nur daran, erkennt man, worin der Unterschied zwischen zwei Schauspielerinnen mit Glitzerroben und ausgebreiteten Armen besteht: Marilyn machte sich kaputt, um die Welt zu umarmen. Katja Riemann will sich nicht einmal die Hacken wund scheuern.

RC

Dieser Mann hat mal den schaurigen Satz »Ich lasse mir doch nicht in die Schreibmaschine wichsen« gesagt. Ja, nun. Kann vorkommen. Immerhin ist er, Jan Josef Liefers, beim deutschen Film: Die sind zu allem imstande, die Schauspieler, und leider kommt es in den seltensten Fällen normal, locker, wie im wirklichen Leben rüber. Demonstrativ locker wirkt hier demonstrativ unlocker, und ein bißchen hat man schon Angst, daß der Schauspieler gleich wieder irgendwas Übertriebenes, Aufgekratztes, zu Bedeutsames anstellt – so wie der dasteht: Hand in der Hosentasche, weiße Lederslipper für die Show der weißen Lederslipper in Stellung gebracht. Jetzt bitte nicht Step tanzen! Einen Fünfziger-Jahre-Schlager singen! Oder quer durchs Lokal rufen: »Fräulein, noch ein Bier!« Auf Helmut Lang, den Namen eines anständigen Anzugmachers also, angesprochen, würde der Jan Josef sicher antworten: »Bei mir zählt Qualität, nicht der Name.« Starker Spruch; leider verkehrt herum auswendig gelernt und aufgesagt. Seine Kleiderwahl zwingt den Schauspieler in die Schauspielerrolle: bittere Sache. Der Pullover (teures Stück, vielleicht von Bikkembergs will an Horst Buchholz erinnern; der weiße Pikeekragen (Diesel?) an *Das Mädchen Rosemarie*, der Anzug – hihi! – an *Der Große Gatsby*. Vergessen zu rasieren, Herr Liefers? Nein? Extra nicht rasiert? Ah ja. Vielleicht sollte man dem sympathischen Schluffi, Filmvogel, Harlekin mal erklären, daß Bundfalten, die oberhalb des Bauchnabels enden, nicht sexy sind. Reißverschlüsse von über zwanzig Zentimeter Länge übrigens auch nicht. *Rossini*-Elend. Na ja. MvU

Was hat eine Frau zu verlieren, die als eine der schlechtest angezogenen überhaupt gilt? Nichts, modisch gesehen. Sie kann nur gewinnen, und links sehen Sie ein Paradebeispiel. Diese Frau, die Schauspielerin Geena Davis, hatte mal Erfolg in Filmen und bei Männern und galt doch als Vogelscheuche vom Dienst. Mit Gekicher wurden ihre selbstentworfenen Roben bedacht, ihre unvorteilhaften Frisuren und Haarfarben. »Ich glaube nicht, daß man eine Modesünde begehen kann«, so trotzig klingt ein berühmtes Zitat von ihr aus jener Zeit. Mittlerweile dreht diese Geena nur noch Flops und hat zwei Ehen mit Hollywood-Stars in den Sand gesetzt, aber nun sehen Sie noch einmal nach links: Geena heute – das sind 1,80 Meter pure Anmut! Nach Schwarz und Blond ist sie klugerweise wieder bei ihrem natürlichen Haarton angelangt, »back to the roots«, wie sie vielleicht scherzen würde. Gläserne Pantoffeln – na ja, die schmeichelhafte Assoziation können Sie sich ja denken. Und dann das Kleid, ein Kleid wie ein Karamelbonbon, bestickt mit Zuckerkristallen, ergänzt durch ein schmeichelndes Etwas aus Kragen, Stola und Jacke: Geht es überhaupt verlockender? Wer kommt nur auf so eine reizende Kombination? Halston, könnte man jetzt sagen, doch ich bitte Sie: Diese Frau hat vielleicht viel verloren, aber mehr dazugewonnen als Kredit bei einem Modehaus. Folgende Erkenntnis beispielsweise: Glanz muß nicht immer von der Liebe oder von der Leinwand kommen; manchmal muß man nur hineinschlüpfen. RC

Hier macht sich gerade einer locker – nein, so läuft's nicht: Hier ist einer hochkonzentriert damit beschäftigt, sich locker zu machen: weshalb es krampft. Weshalb es unlocker wirkt, das Ganze. Ist ja ein hochinteressanter Fall. Frage: Sich locker machen – was ist das? Wie geht das? Tut das weh? Mal sehen: lockeres Sakko (secondhand oder doch was Teures?), lockeres Hemd (die Perlmuttknöpfe!), lockere Bauarbeiterbotten (mit Absicht nie geputzt). Locker auch die Haarzotteln hinter den Ohren, das bißchen verunglückte Lachen, die Hände in den Hosentaschen, aber so unlocker geht's manchmal zu bei einem Fototermin. Vorstellbar, mit dem Typen eine zu rauchen (ja, auch Haschisch). Warum bleibt ein blödes Gefühl? Ich sage jetzt etwas Kompliziertes. Ich erkläre: Der Typ hat nicht kapiert, daß Sich-locker-Machen eine total anstrengende Sache ist. Wir normalen Deppen, die nicht Johnny Cash heißen und nicht Johnny Depp (beide Kleidervorbilder dieses Typen, jede Wette!), müssen bis ins kleinste Detail planen – damit am Ende alles wie zusammengeliehen, wie geklaut, also endlocker rüberkommt. Blau auf Blau zu Blau bringt's nicht; Nadelstreifen tragen Moderedakteure; schwere Botten sind nicht bequem, also müssen sie cool sein – das waren sie um 1994. Hach, ist das wieder alles kompliziert. Da hilft nur die totale Entkrampfung. Vielleicht mal einen ganzen Tag nicht über Fashion nachdenken. Mach dich endlocker, Alter. MvU

Ich behauptete: Dieses Mädchen will schnell erwachsen und gefährlich werden und drückt dabei ein bißchen doll auf die Tube. Sie ist Schauspielerin, Anfang Zwanzig, ihr Name: Neve Campbell. Diese Tatsachen waren jedermann gründlich wurscht, bis Neve vor einem Jahr in dem Horrorfilm *Scream* eine stinknormale, jungfräuliche, von Killern verfolgte Teenage-Queen darstellte. Und damit einen Überraschungshit landete. Wie lange kann man in Hollywood als Teenage-Queen durchgehen? Genau, bis zur Fortsetzung, *Scream 2*. Danach hat man seine Unschuld verloren und muß sich schnell etwas Neues einfallen lassen. In diesem Fall: raus aus den Jeans, weg mit den College-Pullovern. Einfach ist das Erwachsenwerden in Hollywood nicht. Da stehen plötzlich mehr Termine an als nur die Matheklausur am Freitag. Als erstes einer beim Friseur, um den mausbraunen Haaren eine vamprote Tönung zu verpassen. Dann ein Date mit der Stylistin, und die rät: Den Busen mit einer durchsichtigen Korsage betonen! Die Beine in lange Leopardenbahnen hüllen! Zeit für Experimente bleibt nicht, die Schuhe also auch in Leopard. Die Augen? Schwarz. Drei Kilo Schmuck anlegen. Paßt? Paßt. Und ab auf die Charakterdarsteller-Rampe, kleine Fehler korrigieren wir unterwegs. Der große Fehler dabei – erwachsen wirkt Neve nicht. Ein Tip: Wer wirklich groß und gefährlich aussehen will, sollte alles eine Nummer zu klein kaufen.

RC

Liz Hurley – war das nicht die, die Hugh Grant, dem Beau, dem ewigen Grinser, dem Engländer in Hollywood, auf dem Sunset Boulevard einen geblasen hat? Nee, falsch erinnert. Den Blowjob hat eine Prostituierte erledigt, die Hurley ist nur seine Freundin. Als solche hat sie natürlich einen toughen Job, andauernd lachen, strahlen, grinsen, sich in Pose werfen; das Los der Zukünftigen ertragen, statt auf- oder einfach durchzudrehen. Es ist ja völlig unklar, was diese Hurley eigentlich kann, außer trostlose Schminktips zu geben in Frauenmagazinen. Vielleicht gibt's doch Lustigeres, als mit einer schlammfarbenen Cordhose befreundet zu sein. Hier sehen wir die Fast-Ehefrau von Kopf bis Fuß in Versace – in Bayern sagt man: »Ois Versatsche!« – und sie bringt's fertig, kein bißchen sexy darin auszusehen. Schon toll. Orangefarbener Chiffon, silbriger Straß und Art-déco-Perlen – wieder ein raffiniert geschnittenes, sagenhaft schönes Stück! Der Meister, das weiß man, hat beim Entwurf seiner Roben an starke Frauen gedacht, also an Madonna, an Barschlampen, lustige Chicks auf der Leopoldstraße, vielleicht sogar die Nutten auf dem Sunset Boulevard. Die Hurley sieht darin nur aus wie eine, die bald Kinder kriegen sollte, am besten von Hugh Grant. Man kann sich keine Sekunde vorstellen, mit der ein kleines, schmutziges Abenteuer zu erleben. Glamour, schreibt Suzy Menkes, die Journalistin, entsteht, wenn ein bewegtes Leben für Sekunden stillhält. Also Bewegung! Erst mal ran ans Leben, Liz!

MvU

Ja, Sie sehen richtig. Das ist die Jenny Elvers. Wie, die erkennen Sie gar nicht wieder? Macht nichts. Jenny hat eben eine drastische Verwandlung durchgemacht. Früher war sie mal eine fröhliche, jeanstragende Wuchtbrumme und das, was Deutschland lange nicht mehr vorzuweisen hatte: ein blonder Lokalstar ohne Referenzen, dafür mit internationalem Vornamen. Was sie heute ist, nach der Verwandlung, sehen wir hier rechts. Wuchtbrumme war mal – Jenny hat kein Gramm Fett mehr an Hüften, Armen, Oberschenkeln. Ein nicht allzu enges weißes Kleid – ist wahrscheinlich teuer und sicherlich sexy gemeint, könnte aber auch als eines der Nachthemden von Lotta aus der Krachmacherstraße durchgehen. Ein glitzerndes kleines Abendhandtäschchen, dezenter Schmuck, zurückhaltendes Lächeln und knallroter Lippenstift – hier hat jemand kapiert, wieviel Extravaganz die deutsche Durchschnittsfrau verkörpern darf. Die Bilanz so einer Verwandlung liest sich wie folgt. Status quo: Jenny wollte sich verändern. Resultat: Das ist ihr gelungen. Tricks: Crash-Diät und eine Fuhre Designerkleidung. Effekt, in diesem Fall: Jenny, die 25 Jahre alt ist und keinen Tag älter als 31 gewirkt hat, sieht heute aus wie ein 41jähriger blonder Lokalstar mit vielerlei Referenzen und deutschem Vornamen. Leider gibt es so einen schon, und der heißt Christa Müller und ist mit Oskar Lafontaine verheiratet. Vielleicht haben Sie Jenny deshalb nicht gleich wiedererkannt.

RC

Big Man. Wer ist jetzt das? Kennen Sie den? Muß man den kennen? Warum, verdammt, kenne ich den dann nicht? Man fühlt sich sofort – beiläufig, unaufdringlich, angenehm – angerempelt vom Null-Auftritt dieser Person. Wo kommt der jetzt bitte her? Braucht der ein paar Backpfeifen oder teilt er selber welche aus? A: von einem Polaroid-Shooting der Londoner Trend-Style-Hip-Hype-Nervensägen-Zeitschrift *i-D*. B: frisch aus der Badewanne. C: aus dem Knast. Stimmt C, dann will ich da sofort auch hin, im Knast lernen, mit praktisch nichts noch härter, lässiger, weiser und nach noch mehr auszusehen. Man sieht nichts. Und gleichzeitig ist alles da. Metaphysisch verklärt ausgedrückt hieße das: Wir sehen die Abwesenheit von Kleidung – durch Kleidung. Ja, sagenhaft. Pardon, meine Herrschaften. Aber das macht Spaß. Wir lernen: Der erste Mensch der Welt kam sicher auch in Jeans und T-Shirt zur Welt. Widerspruch zwecklos. Nee, man will da jetzt mal nicht diskutieren. Müssen Menschen flirten, trinken, verreisen oder vor den Russen fliehen – sie sollten exakt das anziehen. Geraten: Das T-Shirt hat um die zweihundert Mark gekostet. Der Designer ist kaum zu erraten, allerdings läse man jederzeit ein Zwölf-Seiten-*Spiegel*-Gespräch mit ihm. Schmaler Saum an Hals und Ärmeln, fast durchsichtige Baumwolle, die an Brust und Schultern spannt: perfekt. Die Jeans: ja, Kinder. Dies sieht mir ganz aus wie eine Levi's Big E, das Original, eines jener weltweit gesuchten Einzelstücke aus den vierziger, fünfziger, sechziger Jahren. Kostenpunkt: och, ja. So um die achthundert Dollar. Blitzt mich da der Saum seiner Unterhose über zu tief sitzenden Jeans-Gürtelschlaufen an? Stimmt, ja. Immer wieder ein toller Trick. Zauberhaft auch, wie das Camouflage-Muster der Turnschuhe (Converse) mit der Null-Wirkung der restlichen Kleidung spielt. Wir sehen: full style. Bitte nicht wundern, wenn der jetzt rausgreift aus seinem Foto – und mir eine langt! Aua! Gott, hat der viel Lob einstecken müssen! Aber es mußte sein. Alter! Lieber Freund! Ah, yeah!

MvU

Die Pose, die die Schauspielerin Franca Potente hier für den Fotografen einnimmt, ist artig. Aber so verschmitzt, wie sie guckt, so wie die Mundwinkel sich kräuseln – da ahnt man: Sie will drüberstehen, über dem Schauspielerin-wird-für-die-Klatschspalte-fotografiert-Szenario. Das ist, würde ich fast sagen, eine ironische Körperhaltung. Und: Die steht tatsächlich drüber. Die weiß: Man kann auch ohne Firlefanz nett aussehen. Das Outfit von Franca Potente ist recht freizügig, ja, nur – auf Sex kommt man dabei komischerweise überhaupt nicht. Die hat entweder in der Pubertät den Anschluß verpaßt oder in aller Ruhe entschieden: Ich mach nicht auf sexy oder süß, zu kompliziert. Die kennt keine Fehlkäufe. Die steht nicht endlos vor dem Kleiderschrank. Die greift einfach rein und zieht das Richtige raus. So hat man natürlich keine Probleme. Man könnte auch sagen: Aha, eine, die sich »nicht auf Kleidung reduzieren« läßt. Und eine tolle Projektionsfläche (auf solche Ideen kommen ja manche Schauspieler) für Regisseure und Zuschauer abgeben will. Wollen wir mal sehen: Die Riemchenpumps mit Absatz nennen sich reizenderweise Mary Janes. Gebongt, ein Null-Statement. Mitternachtsblaue Kombination mit Blümchen: Nummer Sicher. Schwarzlackierte Nägel: Ach, bitte lieber nicht. Und jetzt eine gewagte Vermutung: Franca Potente hat eine Schwachstelle. Wegen der sie am Ende doch nicht so richtig drüberstehen kann, wenn ein Fotograf abdrückt. Und das sind ihre Beine. Denn so, wie sie die verschränkt und die komische Raubtier-Tasche über die Knie geschoben hat – paßt alles nicht zu dem distanzierten Gesichtsausdruck. Nein, die bedauert gerade, daß ihr Rock so kurz und ihre Absätze so hoch sind, ihr schwant in dieser Sekunde, daß sie heute mal danebengegriffen hat. Die wäre, glaube ich, lieber ein Junge. Ein Junge mit nackten Knien. Sieh an: das, die. Der Süße. RC

Eine irre Zeit bricht da draußen an – für Mädchen, die kein bißchen sexy sein müssen, um auf ihre Art doch umwerfend auszusehen. Beispiel Milla Jovovich, das Fotomodell aus Kiew. Die sieht echt russisch aus. Die hat auch die Hautfarbe, die Nicht-Russen für russisch halten: weiß-rot-getupft auf Dekolleté und Händen, auf den Füßen schimmert es blau. Die spielte in Luc Bessons *Das fünfte Element* mit, für den Gaultier, der Achtziger-Jahre-Onkel, die Kostüme entwarf, und obwohl Milla also in schaurigen Mad-Max-Windeln zwischen computeranimierten Hochhäusern auf- und abflattern mußte, tat das ihrer Würde keinen Abbruch. Im Gegenteil: Dieses Model galt fortan als flott und sexy und intelligent, als modernes Mädchen also. Irre. Aber toll. Schaun wir noch mal ganz genau hin. Ich glaube ja, daß alle irgendwie aufregenden Mädchen was von einer Ente haben müssen. Strom steckt in dieser Model-Figur. Der sammelt sich im Rot des Lippenstifts, wo Strahlen, Lachen, das strahlende Model-Lachen entstehen, und dann fährt die Spannung, gleich einer unsichtbaren Hand, die exquisite Materialien streichelt – Mohair! Nylon! Haut! – an Millas rechter Seite hinunter, über Schulter, Hüfte und Wade bis in den roten Stiletto hinein: Kerzong! Ah yes! Der Armreif? Der Ring? Getreu dem Rat der Weisen, nach dem weniger wenig ist und mehr mehr. Fantastisches Mädchen. Fantastischer Style.

MvU

Ogottogottogott – hier muß man mit den Augen erst mal ordentlich umgraben, bevor man vor lauter Blumen schließlich die Schauspielerin Selma Hayek zutage fördert. Die übrigens ohne das ganze Tamtam von seltener Anmut ist. Die hübschesten Blumen an Selma sind noch die beiden, die auf ihren Wangen blühen. An allen anderen Stellen muß kräftig gekappt werden! Wir setzen, mit einer extragroßen Schere, beim Kleid an: Das ist unübersehbar rot, mit einem Rosenmuster durchwirkt und etliche Zentimeter zu lang. Selma muß es raffen und tritt dennoch auf dem Innenfutter herum, oje. Das ist ja auch kein Wunder, in diesen Schuhen. Die sind nämlich zu hoch, zu klobig, zu verziert, zu rot; also, diese Schuhe sehen aus wie aus einem Witzfilm. Mindestens fünf Zentimeter runter. Der Büstenhalter: Er ist pink, seine Träger bestehen aus kleinen Rosengirlanden. Zuviel! Als Haarschmuck schließlich würde eine Blüte reichen, wenn überhaupt etwas ablenken soll von Selmas verschwenderisch schöner Lockenpracht ... Mit der Farbe Rot ist das eben so eine Sache. Rote Kleider sind die erbarmungslosesten Kleidungsstücke überhaupt. Kombiniert man sie mit einem anderen Rot, mit Pink oder mit Blumen, rächen rote Kleider sich fürchterlich. Und lassen, wie in diesem Fall, eine bezaubernde mexikanische Señorita wie eine aufgedonnerte Matrone aussehen. Selma verzeihen wir das natürlich. Diesem Kleid nicht. RC

Wo ist hier das Problem? Ich sehe keins. Dieser Typ hat nicht vor, mit seiner Kleidung anzugeben. Das heißt, so, wie der aussieht, wird der in den kommenden zehn Minuten weder »I can't get no!« auf einer Stadionbühne singen noch sich sinnlos betrinken. Wir sind hier mitten in der Arbeitswelt, genauer: bei einem Arbeitnehmer. Solche Typen trifft man in London in der U-Bahn und fragt sich: Wie schaffen die das, so lässig in so schlecht sitzenden Anzügen auszusehen? Ein Angestellter also, lässigste Sorte, einer, der nachdenkt am Arbeitsplatz und auf Computertasten rumhackt, vielleicht ein Informatiker, mittleres Einkommen, mit Aufstiegschancen: Da ist noch alles drin. Der setzt sich nach Feierabend mit gelockerter Krawatte an einer Hotelkettenbar vor seinen Whisky und klimpert mit den Eiswürfeln. Klimperklimper. Life can be so easy. Ansonsten: nee. Bißchen savoir-vivre, nicht zuviel davon. Der benutzt das Prinzip Anzug, anstatt sich von irgendwelchen Fashion-Codes das Geld aus der Jackettasche ziehen zu lassen. Die Konvention mitspielen, eben nicht in Frage stellen: Natürlich hat das Größe! Feinanalyse: eher schlechte Stoffe. Die Krawatte (Moshammer?) ist unmöglich. Mit Dickhäutern (Dinos, Elefanten, Nashörnern) sollte man besser nicht spielen. Die Hose sieht aus wie von Tchibo, das Jackett ist – wohlwollend erraten – secondhand. Die Schuhe – hihi! – ja: sehen leider auch bißchen Manfred-mäßig aus. Kleinigkeiten. Wir lernen: Kleidung muß kein bißchen hip, teuer, extravagant sein. Sie kann nicht mal gut oder schlecht sein, nur richtig oder verkehrt. Hier stimmt's. MvU

Hm – die Farbe Lila assoziierte man lange Zeit mit einem Kitschdrama von Steven Spielberg, mit dem unheilvollen Zusatz »Der letzte Versuch« oder, wenn sie schillerte, mit einer Libelle. Jetzt müssen wir sie nur noch mit Nathalie Imbruglia in Einklang bringen. Zunächst mal: Diese Nathalie hat einen der größten Hits der letzten Jahre gelandet, *Torn*, in dem sie darüber singt, wie gemein sie von einer großen Liebe behandelt wurde. Viele Leute finden sie unerhört talentiert und niedlich. Da macht es gar nichts, wenn man sie zur Abwechslung mal ein bißchen eindampft. Und zwar auf einen »Aussie Bimbo«, so lautet im englischsprachigen Raum das Schimpfwort für ein Mädchen, das aus Australien kommt und so süß und doof ist wie eine Schmetterlingstasche. Ein Beweis: viele Ringe und Ohrringe, viel Nagellack, viel Glanz. Also möglicherweise der Versuch, die eigene Schlichtheit zu überdecken. Bleiben wir doch einfach gleich schön banal: Nathalie singt blöde Rockballaden (kitschig), weil sie als Schauspielerin in der australischen Seifenoper *Neighbors* nicht weiterkam (letzter Versuch?), und sie ist winzig klein (wie eine Libelle!). Deshalb brauchen wir die Farbe Lila praktisch gar nicht neu zu interpretieren. Noch kurz was zum Schnitt des Anzugs: Sieht nicht aus wie der einer kleinen Fee aus Asien, sieht aus wie der Umhang von Graf Dracula oder von seinem lustigen Kollegen Graf Zahl aus der *Sesamstraße*. Wahrscheinlich finden Sie das jetzt furchtbar gemein. Aber wenn niemand mehr gemein wäre, würde es dann noch Hits wie *Torn* geben? Und wo wäre dann Nathalie, hm? RC

Die hat hier gerade noch gefehlt. Da ist sie also. Vorhang auf, Fanfaren, kugelnde Scheinwerfer, ein Publikum in Smoking und Abendkleid applaudiert für ... ja, was? Das Superweib. Schneewittchen. Den Sex-Bomber. Schaut ja wieder total sexy aus, die Vroni, unser blonder Filmstar. Irgendwoher scheint es ein magisches Gebot der Presse zu geben, die auf jeden Fall toll zu finden. Da halten sich auch alle dran. Dietl, der Regisseur, ihr Entdecker und Geliebter, hat mal in einer Talk-Show – logisch, auf bayerisch – gesagt: »Also, ich kann mir den gesunden Mann net vorstellen, der mit meiner Vroni net schlafen will.« Das wurde dann, so gesagt, Fakt. Wäre es eventuell auch denkbar, die nicht sexy zu finden? Nee? Gut. Dann schauen wir mal. Dieser dunkelblaue, stockkonservative Samtsmoking steht der Veronika Ferres hervorragend. Für alles, was ihre Weiblichkeit stärker betont, hat sie nicht die Figur. Die hat – reine Geschmacksache, sicher! – eher die Figur von einem Walfisch. Also: potthäßliches Kleidungsstück. Paßt aber super zur Vroni. Ansonsten? Stilsicher nennt man das wohl. Dezenter Schmuck, eigentlich kein Schmuck, Lacklederhandtaschl – ja, paßt. Wieder interessant: der dunkelblaue Stoffknubbel am weißen Stehkragen. Weil: wieder potthäßlich. Ist das eine Fliege, eine Schleife, ein sogenannter Plastron? Ach, Sie sehen da Marlene Dietrich? Den Blauen Engel, im Ernst? Deutschland, laß uns diese Frau lieben! Sonst machen wir unsere Stars nur wieder runter. Und das geht doch nicht.

MvU

Hallo – der ist aber süß! Ein sogenannter junger Mann. Wo will er gerade hin? Wahrscheinlich mit einem netten Mädchen *Lola rennt* im Kino anschauen. Oder einer vorbeieilenden Dame, verbunden mit einem kleinen Diener, die Tür aufhalten. Es gibt nichts Entzückenderes als so einen jungen Mann, der in der Erkenntnis ruht, wie cool Mädchen und wie uncool schlechte Manieren sind. Seine Kleider sind, einzeln betrachtet, überhaupt kein Hammer. Er entscheidet schon lange selbst, was er anzieht. Und nach kurzem Ausscheren deckt sich sein Stil genau mit den Vorstellungen seiner Eltern. Das Erstaunliche daran: steht ihm sehr gut. Zum Beispiel die Krawatte: Die ist nicht nur lila, sondern lila-hellila gestreift, also null schön, aber einfach ordentlich. In Krawatten müssen Männer erst hineinwachsen, vorher wirken sie meist deplaziert; zu groß, zu prominent, wie Fremdkörper. Das Jacket: echt rührend. Nein, das rührt mich echt. Das hat dieser junge Mann sicher schon zur Konfirmation getragen, und die liegt höchstens fünf Jahre zurück. Ein kleiner Dämpfer oder auch ein Fehler, den viele blonde Männer machen – zuviel Gel! Das sieht ein wenig gerupft, geradezu verletzlich aus. Und doch: Dieser junge Mann wird in einigen Jahren, nach vielen, vielen Stunden im Kraftraum seines Ruder-, Tennis- oder Segelclubs, aussehen wie der Boxer Axel Schulz und hinter dem großen Schreibtisch eines Börsenbüros Platz nehmen. Vielleicht wird er, die Sonnenbrille liefert diesen vorsichtigen Hinweis, auch erkennen, daß er vorher noch mal schnell ein bißchen ausflippen sollte. RC

Wir sehen einen All-American Boy. Hey, Ami! Ist ja bißchen aus der Mode gekommen, diese schöne Abkürzung für den Amerikaner. Hier paßt sie doch. Vor zwanzig Jahren hätte man über den – am besten in einer Gemäldegalerie, im Charlottenburger Schloßpark oder Kölner Dom – noch den Kopf geschüttelt: »Wahnsinn, der Ami. Hat nicht für fünf Pfennig Stil. Läuft hier im Schlafanzug rum oder was.« Heute muß man sagen: ein gut gekleideter Mann, noch dazu – wie sagt man so schön – in seinen besten Jahren. George Clooney, amerikanischer Filmschauspieler, der sich in *From Dusk till Dawn* als Sex- und Pumpgun-Freak einen Namen machte, führt uns hier den Chic internationaler Freizeitmoden vor. Der ist praktisch immer richtig, praktisch bei jedem Anlaß. Casual Chic nennt man diesen Stil. Der stammt maßgelb-lich von der amerikanischen College-Boy-Uniform ab, setzt sich aus Khakihose plus Button-down-Hemd oder Polohemd oder kleidsamem Ringelshirt zusammen, und Firmen wie Gap, Calvin Klein und Tommy Hilfiger machen damit ihre Milliarden. Der darf ruhig auch mal einen Fleck kriegen, dieser Style, dann kommt alles in die Waschmaschine bei vierzig Grad. Cleverer Clooney: hält sich als Hollywood-Profi möglichst viele Optionen offen. Jungs signalisiert er: »Hey, guys! Eine Runde Baseball!« Den Mädchen: »Gals! Ich könnte der sein, der den Buggy schiebt!« Modernes Amerika.

MvU

Eines Tages kam der Teufel in Hollywood auf Faye Dunaway zu und sagte: »Komm. Laß uns beide einen Deal abschließen. Ich mache dich in den Köpfen der Menschen unsterblich. Dein Einsatz? Ist vergleichsweise lächerlich: Du darfst nicht altern! Wenn du es aber trotzdem tust, wirst du deine Würde verlieren.« Faye Dunaway – sie war noch sehr jung – konnte sich nicht besonders viel darunter vorstellen. Und weil der Teufel wie ein Hollywood-Agent aussah, schlug sie ein. Das alles ist lange her. In der Zwischenzeit bekam Faye Dunaway einen Oscar und wurde eine Stil-Ikone; die einzige Frau der Welt, der ein Barett stand, die in marshmallowfarbenen Kostümen eine kaltblütige Sex-Attacke fahren konnte. Erinnern Sie sich an das, was wir vor einiger Zeit über rote Kleider gesagt haben? Daß sie die erbarmungslosesten aller Kleidungsstücke seien? Vergessen Sie's. Rot kann Faye Dunaway nichts anhaben. Sie sieht darin aus wie eine böse Sexkönigin; Kronjuwelen, majestätischer Gang, überlegenes Lächeln und rote Nägel – so eine hat sich festgekrallt in den Köpfen der Menschen. Und so eine wird jetzt, mit 58 Jahren, gezwungen, mit dem Gesicht einer 30jährigen rumzulaufen, weil sie auf den ältesten Trick der Welt reingefallen ist: Soul gegen Fame. Wie die Chancen stehen, daß sie da wieder heil rauskommt? Sie ahnen es: wie die eines Schneeballs in der Hölle.

RC

Hey, Minnie Driver! Das ist, so ausgerufen, noch nicht als Gag gemeint oder kleine Gemeinheit – die heißt einfach so! Eine Filmschauspielerin, mal wieder total hip, berühmt, erfolgreich. Berühmt geworden ist die übrigens mit der ein bißchen scheußlichen Szene aus *Good Will Hunting*, in der sie Tortilla-Chips im Mund hat und gleichzeitig Mr. Matt Damon einen Zungenkuß gibt. Vergißt man nicht, die Szene – nee, liebe Minnie, tut mir leid. Mein alter Vater würde über so eine sagen: Nettes Mädchen, wirkt nur so unsicher. Was hat die denn? Warum trägt sie einen Hut? Da wüßte ich jetzt spontan auch keine kluge Antwort drauf. Cowboyhüte sind schick, sicher, auf den Prêt-à-porter-Schauen in Paris wurden die als zehnfach durchironisiertes Anti-Fashion-Accessoire gegen den guten Geschmack eingesetzt – aufhören, ist ja gut! Aber im wirklichen Leben? Da läuft's doch anders. Da kommt so ein Hut zu ambitioniert, also etwas krampfig rüber. Trotzdem hat das Klatschmagazin *People* die Minnie gerade in den Kreis der zehn weltweit am besten angezogenen Frauen gewählt. Wir halten knallhart dagegen: Mit roten Locken muß man doch irgend etwas anstellen können, auch als Mädchen. Am besten abschneiden. Noch knallhärter: Diesen Boots, den Bluejeans, der easy Sonnenbrille und dem hochgeschlagenen Mantelkragen nach zu urteilen, hält die Grateful-Dead-Platten für rockin'. Ein verkappter Hippie also. Warum denn noch einer? Hey, Minnie Driver! Wow! MvU

Wenn Frauen auf jene Verletzlichkeit aufmerksam machen wollen, die sie so überlegen macht, tragen sie zum Beispiel einen Rock, ein junges Hündchen im Arm oder in aller Öffentlichkeit Lippenstift auf. Und Männer, was haben die dagegenzusetzen? Der Schauspieler Ewan McGregor zeigt es uns: Sie ziehen sich ein Fußballtrikot über. Ewan, gesprochen »Juen«, perfektioniert das, was die englischen allen anderen Männern voraushaben, die Mischung aus Proll- und Welpencharme. Das geht so: Demonstriere deine Liebe zum Fußball (»Umbro« ist eine traditionsreiche Sportartikelfirma, die die englische Nationalmannschaft ausstattet), sitze im Pub statt in der Sonne (Blässe und Augenringe), trage die Bubenuniform Jeans und Turnschuhe, und laß dir eine lustige Stoppelfeldfrisur stehen. Der Effekt: Sämtliche Mädchen würden ihre Röcke, Hündchen und Lippenstifte für Ewan fallen lassen, und zwar seit er, so seltsam sind Mädchen manchmal, einen zitternden Junkie spielte, in dem Film *Trainspotting*. Da rannte er vor der Polizei davon, und auch hier sieht es so aus, als sei ihm jemand auf den Fersen. Dabei will er nur in ein Taxi, in dem seine Ehefrau wartet. Jawohl, Ewan, gesprochen »Juen«, ist verheiratet, deutlich zu erkennen am Ehering. Oh Gott, oh Gott: Jungs, die mit ihren Gedanken ganz woanders sind, konzentriert darauf, Fußballfans oder Ehemänner zu sein, können einem jede Überlegenheit nehmen – wissen die das eigentlich? Klar. Wissen die. Sie pressen die Lippen aufeinander, um nicht in geschmeicheltes Gelächter auszubrechen.

RC

UMBRO

Was ist hier das Thema? Ganz klar, der Busen. Ein wenig noch das Weiß des Oberschenkels, das durch das Grün dieses wirklich sensationellen Kleides schimmert – zu den speziellen Fähigkeiten dieses Kleidungsstückes später mehr. Was sehen wir? Was wollen wir? Was bewegt uns beim Anblick dieser blonden Frau, die lächeln, Arme hängen lassen und sich so ganz in die Balance ihrer körperlichen Extremitäten einfinden kann? Entschuldigung: Sex. So was gibt's. Das ist nicht peinlich oder sonstwie unerlaubt, sondern ein Grundmotiv von Mode: Den männliche Betrachter will sie an-, dann umsägen. Ein Definitionsversuch von Sex-Appeal, schon jetzt gescheitert, aber gut gemeint: Das ist die Sekunde, in der die richtige Frau im richtigen Kleid auftaucht. Flash! Dann müssen beide weiter. Hervé Leger, ein Modeguru, kann den Frauenkörper als Frauenkörper akzeptieren, weshalb er ihn abtastet, durch Berg und Tal, und seine Besonderheiten in bunte Stretch-Stoffbahnen einnäht. Toller Trick. So zeigt die Frau nicht das Kleid, sondern umgekehrt. Schnell mit drei Vorurteilen aufgeräumt: Ein Riesenbusen kriegt jedes raffinierte Kleid kaputt. Falsch. Braune Haut poppt mehr als fleischfarbene. Auch falsch. Weißer Nagellack ist ordinär. Aha. Stimmt sogar. Schön wär's, mit Patricia Arquette, dem Filmstar, dieser Blonden, irgendwo unter freiem Himmel rumzuliegen. Bißchen über Mode diskutieren. Was sonst.

MvU

Lieber Hundeblick, mildes Lächeln, kuscheliges Kordsakko und die energische Ausstrahlung: Hammer! Hammer-Trick von diesem Typen. Aha, den Kopf kokett schiefgelegt, »ein Teddybär«, werden viele gleich gedacht haben. Jede Wette: Damit kriegt er einen Haufen mehr Frauen rum als seine Freunde. Davon hat er nicht viele, denn Männer fahren weniger doll auf die Kuschel-Typ-Masche ab. Wahrscheinlich trägt er einen Namen, den jeder aussprechen mag, Christopher oder Sebastian oder: nee. Der hier ist ein Anton. Also, Anton, aufgepaßt: Eine schöne, weil seltene Kombination, mit der du nicht direkt etwas zu tun hast, sind deine roten Haare und deine braunen Augen. Angeeignet hast du dir eine seltene modische Kombinationsgabe: für jeden etwas. Verwaschene Levi's 501 – *das* Synonym für Konsens. Drei-Tage-Bart: findet deine Frau süß. Nickelbrillen gefallen deinen 68er-Kumpels, Turnschuhe deinen Schülern (ach ja, richtig: Anton ist Vertrauenslehrer. Eventuell Informatiker). Das schwarze, in die Hose gesteckte T-Shirt ist ein Tribut an deine Rock-Roots und die weggeklemmte rechte Hand ein charmanter Wink an deine Geliebte. Du hast dich wiedererkannt in *High Fidelity* von Nick Hornby, gerade ein paar Trip-Hop-CDs gekauft und den Ehrgeiz aus Studententagen aufs Fußballspielen verlegt: Als personalisierter Ausgleich entziehst du dich jeglicher Bewertung wie »Spießer« oder »Langweiler« oder »Gernegroß«. Anton, im Ernst: Du hast auch uns mit deinen guten Vibes plattgemacht. RC

Sehr weiße Haut, sehr blondes Haar, sehr hellblaues Kleid – alles wunderschöne Farben, die schön zusammenpassen. Ja. Einziges Problem: Die lebt, glaube ich, nicht echt. Die tut nur so. Oder glauben Sie, die könnte eine Hand bewegen, wo beide Hände doch wie abgefroren wegstehen, was Menschliches tun, wie hallo sagen oder lachen? Ich jedenfalls hätte nicht schlecht Lust, die da anzufassen, wo es verboten ist und Mädchen quietschen, an den Hüften also, sie durch die Luft oder auf ein Bett zu wirbeln und da mal in Ruhe nach ihr zu sehen. Ein vorstellbares Szenario: Die bewegt sich doch, daraufhin fällt der Rest ihrer wachsweißen Figur zu einem Häufchen Puder zusammen. Vielleicht muß man auch nur den Schlüssel umdrehen, der im Rücken dieser Puppe steckt: Dann läuft die und läuft und läuft gegen eine Wand. Und Lippenstift, Betonlocken, das eisige Lächeln wären unverändert schön. Die Säulen der Akropolis tragen das Dach der Welt, Heather Graham aber, blutjunge Schauspielerin, trägt an ihrem Ruhm offensichtlich schon zu schwer: wie schön. Auch: wie symphatisch. Im letzten Frühjahr noch ist die in *Boogie Nights* als rollerbladende Pornodarstellerin auf jedes Sofa gehüpft, hat sich nun wirklich gar nicht wie eine Dame aufgeführt. Jetzt soll ihr elitärer Stil ihr jugendliches Ungestüm kompensieren. Das klappt. Wir erraten: Heather liest *Vogue*, die amerikanische, die italienische auch. Zu schön auch zu erfahren, daß BH-Träger farblich zu Riemchensandalen passen können. Was die sagt, wenn ihr einer nachrennt? Macht nichts. Dann rennt sie, hoppla, voll in ihren Traummann rein. MvU

X-Beine und Bi-Ba-Bo-Gesicht – Sie kommen gerade partout nicht drauf, wer das sein soll? Kein Problem. Das ist der junge Ben Stiller, ehemals erfolgloser Schauspieler, seit dem Film *Verrückt nach Mary* einer der größten Komiker Hollywoods. Ein interessantes Anziehproblem muß Ben Stillers Komikerhirn da plötzlich bewältigen: »Kann und sollte ein Witzbold männlich wirken?« Und: »Wenn die Menschen mich so gern als Witzbold sehen – wie lustig soll ich mich da für sie verkleiden?« Oder, noch anders: »Wie zieht man sich an, wenn man auch in Zukunft als Witzbold ernst genommen werden will?« Soll man sich einen irren Hut überstülpen (nein), Arme hängen lassen (nicht übel), zu große Schnabelschuhe tragen (anscheinend)? Nicht eben einfach. Aber ja, doch, der Kompromiß, den Ben Stiller gefunden hat, ist gut. Sein Outfit läßt sich nachvollziehen wie folgt: Hose teuer und doch unseriös, also glänzend und ohne Bügelfalten. Bei der Lederjacke auf Nummer Sicher gegangen, secondhand nämlich, das ist modern unmodern und ein nostalgischer Wink an das brotlose Stand-up-Comedian-Dasein. Genau deshalb kein gebügeltes Hemd, lieber ein zweifarbiger Mir-doch-egal-Pullover. Aber dann – der Kopf. Da heißt es dann Scherz beiseite, nicht wahr, Ben Stiller? Dicke Koteletten und Öllocken: Hi, Rudolf Valentino und Charles Bronson! Dazu noch das Draufgängergrinsen und der Fitneßstudio-Nacken – Komiker sind schließlich nicht geschlechtslos. Alles klar, Ben. Die Girls notieren: Humor ist sexy. RC

Hier ist Reichtum. Welche Seite Reichtum? Die unanständig breite, spektakuläre – die auf O-Beinen: einzig erträgliche sowieso. Die ist bei uns in München, genauer: im »P1« und »Schumann's« zu Hause, und eigentlich kann sie nicht mehr. Das macht unseren Reichtum, den Münchner, ja gerade so symphatisch: daß er sich selbst kaum noch packt. So einen nervt es doch fast, wie gut er wieder ausschaut! Bravo. Da poppt es – steigt die Lebensqualität. Am Ende steht so ein Münchner Bürschchen gleichzeitig teuer und sauber runtergelumpt gekleidet da, und alle sind gut drauf. Easy? Ach. Das haben wir noch besser, bißchen lauter und versauter drauf: Ois easy, woaßt! Der ist – Unterstellung! – weit rumgekommen in der Welt, war beim Bungeejumpen in Punte del Este und Snowboarden in Aspen, aber in München, denkt der, und das ganz zu Recht, ist einfach mehr los. Zu den Fakten: Die Jacke ist von Schott, die Jeansjacke von Helmut Lang, das T-Shirt hat immerhin einen tiefen Ausschnitt. Alles nichts Besonderes, aber alles gut. Das trägt man anscheinend so, wenn man es satt hat, zu gut auszusehen. Interessant natürlich, was der mit seiner Jeans anstellt, einer Levi's Redline, Kostenpunkt 268 Mark – derzeit das Statussymbol unter Nachtlebenhängern. Bißchen doof vielleicht, trotzdem nicht dumm, daß sich der Status diesmal ausschließlich über das Rot der Nähte mitteilt: Aha! Deswegen trägt dieser junge Mann seine Hosen also verkehrtherum! Genau. Wir lernen: Der Playboy, hier ein besonders schönes Exemplar einer ehemals international berühmten Spezies, stirbt nicht aus. Er treibt's nur noch wilder, noch raffinierter. Du, Servus, Oider! Griaß di!

MvU

Ganz schön luftig gekleidet, die junge Dame, diese Béatrice Dalle, für diese Temperaturen – und überhaupt: Will die uns provozieren mit ihrer Hoppla-hopp-Aufmachung und ihrem schüchternen Gestus? Aber bitte, man sollte wohl dazu sagen, sie kommt aus Frankreich und spielt da in Autorenfilmen mit. Und Französinnen, heißt es ja immer, können in jeder Aufmachung punkten. Die können ruhig deplaziert aussehen oder luschig, verdreht auch gern mal – macht nichts. Geht im Zweifelsfall als charmant durch, gibt ein Plus auf dem Geheimnisvolle-Aura-Konto. Bei Béatrice Dalle hat sich, rein äußerlich, seit den achtziger Jahren nicht eben viel getan. Damals trug sie zuviel Lippenstift, zu enge Kleider, lächelte aufreizend und rastete in dem Film *Betty Blue* so lange aus, bis auch der stumpfeste Kinozuschauer kapierte, daß Französinnen erotisch und unberechenbar sind. Leidenschaftlich? Oho! Und ob! Bis in den Wahnsinn! In den neunziger Jahren trägt Béatrice Dalle immer noch zuviel Lippenstift, da drücken sich Brustwarzen und Unterwäsche durchs kurze Häkelkleid, da stecken die Beine in Glitzerstrümpfen und Dominastiefeln. Dazu dieser Schmollmund, die Kurven, der hintersinnige Blick, die geheimnisvolle Aura, eben ... ach ja ... Langweilen Sie sich auch gerade so? Nun denn, auf die Gefahr hin, wie eine mißgünstige Nicht-Französin zu klingen: Die abgefahrene Masche wird lahm, wenn man sich dafür in einen großen Topflappen wickeln muß. RC

Apart. Was war das bitte gleich? Das Fremdwörterlexikon meldet: »in ausgefallener Weise ansprechend, anziehend-schön«. Klingt ja wunderschön. Die vom Lexikon hätten genausogut dieses zarte Geschöpf mit seinem Porzellanpuppengesicht abbilden können. Hätte alles erklärt. Wäre noch schöner gewesen. Man stellt sich vor, an einer mit reichlich Silber und Besteck gedeckten Tafel neben die gesetzt zu sein und zu antichambrieren: »Und Sie? Was treiben Sie denn so?« Ashley Judd, der Filmstar aus Texas, antwortete: »Tabakkauen, Rodeoreiten und Koksen. Sie?« Schon wäre man platt, als Mensch wie du und ich, der naturgemäß Angst hat vor den zu lockeren, selbstbewußten, weitgereisten Frauen. Man käme eben nicht dazu, nüchtern hinzuschauen und zu urteilen: Ihr Kleid, Madame, sieht umwerfend aus, aber kommen Sie sich nicht wie ein Silberkerzenständer vor? Einwand: Bißchen spießig sieht sie aus. Komischerweise mufft »apart«, die Sorte Kompliment für die Sorte Schönheit, ja heute auch mehr, als daß es wirklich Zauber freisetzen könnte. Ich stelle mir vor, daß Omas, die am Rand der Tanzfläche applaudieren und Enkelsöhnen was zum Heiraten ausgucken, auf die mehr abfahren, als echte Männer das tun. In Wirklichkeit ist die wieder nur 1,55 Meter hoch. Huhu: hallo, Kleines. MvU

Dieser Herr heißt Steffen Wink. Vielleicht kennen Sie ihn als Titelhelden aus *Kai Rabe gegen die Vatikankiller*, einem deutschen Film, der sich bemüht, Hollywood, Schwarze Serie und *L. A. Confidential* in einem zu sein. Steffen Wink ist der einzige, der diesem Anspruch gerecht wird. Der so viel Jack Daniel's kippt wie Humphrey Bogart, mehr Pomade trägt als James Cagney und dabei besser aussieht als Bob Mitchum. Also, das offensichtlichste Argument gegen sein heutiges Outfit: Leoparden trägt man nicht, nicht als Nylonhemd, nicht als Mann. Das ist unlässig gewagt, das juckt beim Hinschauen. Enge Nadelstreifenanzüge dagegen wirken immer souverän. Es wird noch besser. Das Kinn: so gerade, als wäre es mit einem Lineal gezogen. Müde Lider über wachen Augen, entzückend. Große Ohren: wie nett! »Dieser Wuschelkopf wird noch vielen Teenagern Kopfzerbrechen bereiten«, so oder ähnlich stand es neulich in einer großen deutschen Illustrierten, die nicht *Bravo* heißt. Die hätten das nämlich besser formuliert, vielleicht so: »Schnappt euch den süßesten Schauspieler Deutschlands!« Wir sagen: Steffen Wink könnte das Kinn noch etwas höher recken und Langweiler namens Ben Becker oder Jan Josef Liefers auf die billigen Plätze verweisen, ist mittlerweile sogar wurscht, was er dabei anhat. RC

Hehe. Man stellt sich vor, wie die den Sunset Boulevard runterwackelt und wie diese Figur (!), beföhnt von kalifornischen Lüften, ein heißes Glücksgefühl durchsteigt: Hey, Hollywood! Dabei ist die weniger Hollywood, mehr deutsche Fußgängerzone. Die Süße. Die sieht ja nur süß aus, hat keinen bösen Hintergedanken. Doch? Meinen Sie? Man sehe der an – genauer: jedem Zahn in ihrem Lächeln –, daß die in Wahrheit stumpf-böse an ihrer Karriere bastelt? Im Ernst? Also, dann muß man da mal sagen, daß Dana Schweiger ihrem Til, richtig, unserem Til Hollywood, schon zwei (oder drei?) Kinder geboren hat, und der soll doch anspruchsvoll sein als Mann und noch in den unmöglichsten Situationen Süßgemeintes flüstern: »Hopp, hopp! Ab ins Hotelzimmer, noch eins machen!« Dafür sieht sie nämlich top aus. Man sagt: top gehalten. Top-Figur. So gesehen, sei der ihr Spießeraufzug auch verziehen. Schuhe? Ja, egal. Samtkleid? H&M ist billiger, sieht aber nicht so billig aus. Supersüß muß man sich den Schweiger mit der vorstellen, er nennt sie »Sweetheart« oder nee – ha! – »Mäusle«, weil Schweiger original ja gar nicht aus Hollywood kommt. Wie schafft's die Dana, praktisch halbnackt, null sexy, eher wie eine Hebamme auszusehen? Das war jetzt gar nicht nett. Das war jetzt böse, Entschuldigung, kommt nicht noch mal vor. Ach, ihr bösen, kalten Wintermenschen in Deutschland! Wollt immerzu nur alles runtermachen! Geschenkt. Stimmt auch nicht. Die nicht. MvU

Na? Den Peter Maffay werden Sie ja wohl noch erkennen. Egal, wie verwirrend er sich hier kostümiert hat: Drunter steckt die ehrliche, sensible Rockerhaut. Seit zwanzig Jahren ist der Nicht-Deutsche Peter Maffay, so wie Costa Cordalis oder Roberto Blanco, eine deutsche Institution. Vielleicht ist ihm jetzt erst aufgefallen, daß das gar nicht so unbedingt erstrebenswert ist. Jedenfalls prangt plötzlich auf seiner sportlichen Wollmütze ein amerikanisches Collegejacken-J. Um den Hals: Indianerschmuck, und zwar nicht so knapp – ein Zeichen für Sehnsucht und den friedlichen Einklang mit den Naturvölkern dieser Welt. Sein Hemd hat einen Mafiakragen und sizilianisch anmutende Lochstickereien. Und das silberne Armband – vielleicht aus Nepal? Dazu der obligatorische Ohrring und die Lederhosen in Schwarz, all das deutet darauf hin: Peter Maffay will nach all den Jahren des Schwitzens und Gefühle-Rauslassens, nach den langen Locken und dem ehrlichen Understatement ein bißchen mehr. Er singt jetzt auch auf englisch, jammt auf afrikanisch und würde gern im Plattenladen unter der Rubrik »Weltmusik« eingeordnet werden. Es ist so: Peter Maffay will eigentlich die ganze Welt rocken. Das ist ein total verständliches Anliegen. Schade nur, daß das in Deutschland noch niemand kapiert. Vielleicht wird es soweit sein, wenn Peter Maffay auch in seiner neuen Kluft die Schultern entspannt hängen lassen kann, den defensiven Blick verliert und auf seine rumänischen Roots vertraut.

RC

Der moderne City-Look in Beige. Um so eine reißen sich Telefon-Banken, die, wo es rundgeht rund um die Uhr, und unfaßbar glückliche Fotomodelle, die mit Headphone-Sets irre Angebote unterbreiten: »Sie! Sich schon mal über Ihre Kontoführungsgebühr Gedanken gemacht?« Nee. Bisher eigentlich nicht, gerne nicht. Aber dieses Frauenwunder antwortete: »Klaro. Ich denke den ganzen Tag über nichts anderes nach.« Rätsel topaktuell gekleidetes Deutschland. Es muß immer alles beige rüberkommen und so beiläufig easy wie der Steh-Cappuccino in einer dieser mit Chrom und Glas überdachten Einkaufspassagen. Streß? Na, hör mal! Voll! Aber das bißchen »easy life« muß sein. Was früher Schwarz war, ist ja heute Beige: die Nichtfarbe. Das Null-Statement. Armani zu tragen ist in etwa so originell wie sich mit Armani Arm in Arm fotografieren zu lassen: tun zu viele. Kann heute praktisch jedem passieren. Supernett anzusehen und doch irgendwie verlogen kommt der Trick, mit einem Kinderköfferchen rumzuziehen. Kein Kind wäre so naiv. Interessant wird's, wenn diese Frau mal richtig daneben haut und noch Freude daran hat. Boris Becker in Monte Carlo sitzenlassen, statt dessen mit Wolfgang Joop nach Potsdam ziehen! Mann, das hätte Klasse! Was echt Scheußliches, ein kreischbunter Seidenkaftan mit Schlingpflanzen drauf und einer fauchenden Wildkatze, würde der Babs Becker stehen! Sie, nur sie, könnte es bringen. Dann gehörte ihr der Titel, den ihr heuchlerische Moderedakteurinnen schon heute so gern verleihen: unsere Weltenbürgerin, eleganteste von Deutschland. MvU

Diese hier, die Schauspielerin Jennifer Lopez, hat ein paar Wunder vollbracht. 1. Neben Andy Garcia der einzige Latino-Superstar in Hollywood zu werden. 2. Alle Männer auf sich einzuschwören. 3. Fast alle Kolleginnen – auch solche, die es besser wissen müßten – gegen sich aufzubringen. Allerhand. Wie es dazu kam? Nun, Jennifer trägt Goldringe zu Silberarmbändern, »big hair« und Plateausohlen – das findet der weibliche Hollywood-Adel »stillos«. Jennifer trägt tiefe Ausschnitte, Bikinistreifen und durchsichtige Kleider – die Männer sind einverstanden. Berühmt, geliebt, gehaßt wird man so noch lange nicht. Es ist viel interessanter. Sehen wir uns doch mal ihre Silhouette an: als wäre sie den Tagträumen eines pubertierenden 13jährigen entsprungen. Und da haben wir schon den Punkt: So einen Hintern wie Jennifer ihn hat, kann es eigentlich gar nicht geben. Nicht wie üblich durchtrainiert und flach, sondern riesig und rund und fest, beinahe so, als hätte Jennifer sich einen Medizinball unters Kleid geschoben! Das spaltet also die Welt in zwei Lager. »Ich würde mich schämen mit diesem Hintern«, giftet Cindy Crawford, die weiß Gott ein bißchen großzügiger sein könnte. »Fast hätte ich mal mein Glas darauf abgestellt«, schwärmt George Clooney. Während die Frauen zu Hornissen und die Männer zu Motten werden, macht Jennifer ein Hohlkreuz, drückt die Schultern durch und denkt, wie jedes brave Latino-Mädchen, an die Weisung ihrer Mutter: »Wenn du das Böse nicht besiegen kannst, dreh ihm einfach den Rücken zu.« RC

Welch zerissene Person steht da! Erster Eindruck: Der würde im Bus auf seinem Sitzplatz bestehen, notfalls mit Knuffen. Schaut so empört, so grundlos aufgeregt und beleidigt. Ganz ruhig, Opa. Zweiter Eindruck: Das ist ja Goethe! Der! Größter doch! Wir wissen, daß der steinalt wurde, 82 Jahre und sieben Monate alt, was heute einem Alter von, sagen wir, zweihundert entspricht. Leute sagten: »Was, der lebt? Der müßte doch *längst* tot sein!« Nee, stimmt nicht. Zum Stil: Der zerreißt sich hier eben offensichtlich. Schillerkragen und offenes, ungepudertes Haar (Goethes Jugend: Sturm und Drang) treten gegen eine winddurchwehte, komisch wurschtige und zerknäulte Mantelrobe (Alter und Nachwelt: die Romantik) an. Wir nehmen es Ihnen nicht übel, Baron, aber: Sie wollen angeben! Ja, echt! Hier fühlt einer die Wucht des eigenen Alters: »Ich erscheine mir selbst immer mehr geschichtlich.« Hier macht einer gleichzeitig, sich wütend dem Zeitgeist verwehrend, auf jugendlich und ist beleidigt, daß nach ihm überhaupt noch etwas kommt: »Alles ist jetzt ultra, transzendiert unaufhaltsam, im Denken wie im Tun.« Äh, ganz schlimm, ja. Frage: Sprengt hier der Wille zur Form, so hoch ausgebildet und alltäglich feurig umkämpft, den guten Stil? Heißt: Kann einer zu sehr wollen, gut auszusehen? Wohl: nicht. Wir freuen uns, daß er, der Goethe, im Hochalter noch so aufregend apfelbäckig, ja: unsicher! dreinblicken kann. Das ist: groß. Notiert, Eure Exzellenz. Wir lesen. MvU

Es gab mal eine Pamela vor der, an die wir heute denken: Sie war klein und brünett, wohnte in der texanischen Stadt Dallas und besuchte uns jeden Dienstagabend in unserem Wohnzimmer. Und eines Tages war sie unter mysteriösen Umständen verschwunden. Ja, und rechts steht sie wieder und sieht selbst ganz überrascht aus. Wir nennen sie »Pam«, einfach Pam, und fühlen mit ihr, denn der Alptraum einer jeden Hollywood-Schauspielerin hat sie ereilt: Ihre Rolle in einer Fernsehserie hat ihre Person in den Schatten gestellt. Erst ist ihr wirklicher Name, Victoria Principal nämlich, in Vergessenheit geraten und dann sie selbst. Da muß natürlich jeder öffentliche Auftritt sitzen. Und zwar so exakt und dramatisch wie dieses Kleid. Bluttropfenrot ist immer ideal, wenn es gilt, Paparazzi in Alarmbereitschaft zu versetzen. Pam hat sich dazu, ganz ähnlich wie die Schwestern von Cinderella, in Schuhe gequetscht, die ihr eigentlich nicht passen. Rot also auch ihr kleiner Zeh, der sich da aus der Riemchensandalette zwängt und ihr am Ende dieses Abends bestimmt noch zu schaffen gemacht hat. Zudem muß Victoria sich auch noch gefallen lassen, daß man bei Pam nicht mehr gleich an sie im hochgeschlossenen Roten denkt, sondern an eine Nixe im roten Badeanzug mit hohem Beinausschnitt. Der Trost: Die nächste Pamela rotiert schon in der Serien-Warteschleife. Vielleicht ist sie ja wieder klein, schmal und brünett.

RC

Sie war, sie ist die Chefin. Sind wir an dieser Stelle je böse zu den Menschen gewesen, übellaunig, ungerecht sogar, dann nur deshalb, weil keine zweite je so easy aus einer Zeitschriftenseite rausgelaufen ist. Wir sagen: Oh! Wir sagen: Wow! Es macht richtig Spaß, da hinzusehen – wo sind: totaler Style, totale Lässigkeit, elitäre Eleganz bei wohldosierter Verschlamptheit (man schaue nur die weißen Streifen auf den Säumen dieser mindestens zehn Jahre alten Jeans an!), vollkommene Contenance. Carolyn Bessette-Kennedy: Bei der gerieten Frauen unter Frauen ins Stöhnen – aus Hochachtung vor deren Klasse! Da ist es dann irgendwann auch wurscht, ob alles von Gucci ist, von Prada, Hermès und Oscar de la Renta. Ist es dann halt. Wird dann eben teuer. Wie schaffte die das? Wie köpfte die ein Frühstücksei? Wann zog die ihre Sonnenbrille hoch? Unerfindlich, das alles. Du hättest ihr auch einen lilagescheckten Affen auf die Schulter setzen können. Sie wäre ihren Weg gegangen – in die Senator-Lounge, hauptsächlich aber ihren Gang. Explizit sprachen aus ihrer Kleiderwahl der beiläufige Höchstanspruch an das Leben, von mir aus auch ihre Herkunft: von allem nur das Beste. Es sprechen: Lederknöpfe, Handschuhe aus Kaschmirgemisch, diese Tasche. So eine wollte dann original den klügsten, soigniertesten, gesellschaftlich bestgestellten Mann der internationalen Society, der John-John Kennedy hieß. Und kriegte ihn. Bums! Ob sie einen Handkuß akzeptierte hätte? Macht man sich da lächerlich? Ich weiß es, ehrlich, nicht. Es gibt keinen wirklich hammermäßigen Style ohne hammermäßiges Aussehen. Jetzt soll sie mal weitergehen. Farewell. MvU

Dieser nette Knilch mit den Apfelbäckchen und den roten Ohren – erinnert er Sie nicht auch an den jungen Elvis Presley? Er heißt Oli P. Hallo, du da! Oli P.! Warum eigentlich nur Oli und nicht »Oliver«? Wofür steht das P? Was soll die Handbewegung? Wir können ja mal raten. Vielleicht will er uns bedeuten: »Hey. Ich komme aus dem harten Hip-Hop-Milieu. Aber, Leute, ist doch so: Ihr kennt mich schon lange, täglich aus der Daily Soap *Gute Zeiten, schlechte Zeiten*. Also bloß keine Angst. Und keine Formalitäten.« Sein Anzug verströmt diese »Mein erster Anzug«-Aura: kein exquisiter, sondern so ein plumper, weicher Stoff. Hängen bestimmt schon irgendwo ganz viele Wollmäuse dran. Genauso wie die Mädchen an ihm. Weich ist auch Oli P.s Herz. Das sieht man gleich, das soll man gleich sehen. Nichts zum Fürchten, was zum Anschwärmen. Jetzt auch noch als Rapper, mit dem Nummer-1-Hit *Flugzeuge im Bauch*. Ein ganz, ganz trauriges Lied, in dem Oli P. im Sprechgesang erzählt, wie ein Mädchen ihm sein Herz gestohlen hat. Dabei ist in Wirklichkeit doch alles umgekehrt. Der niedliche Oli P. hat eine niedliche MTV-Moderatorin geheiratet und mit ihr ein Baby gekriegt, auch niedlich. Währenddessen stehen bei ihnen vor der Haustür kleine Mädchen auf Rollschuhen und weinen. Dieser nette Wollmausknilch ist nämlich ein ganz moderner Rattenfänger zu Hameln. Und das da um seinen Hals, das ist vielleicht gar kein Schwan; das ist sein Pfeifchen. Pfeifchen mit P. RC

Und jetzt doch: Gosse. Gammlertum. Die Linke. Revolutionen (Reformen) werden in Nahkampfkleidung (Nadelstreifen) gemacht: War immer klar. Hat aber einer gewußt, wie gut das aussieht? Daß es sitzt – bis unter die (nicht zu breit ausgepolsterten!) Schulterpolster? Woher weiß so ein Bombenleger, daß man, stehend im Dreiteiler, nur den mittleren von drei Knöpfen zuknöpft? Nein. Nein. Konnte niemand wissen. Das war nicht klar. Wie heißt der? Joseph? Joschka? Gunda Röstel? Waaas? Roman Herzog? Gut, nicht mal das ist lustig. Akzeptiert. Es wird ernst. Wenn es sich wendet: wenn wirklich alles – alles! – anders werden soll: muß ultrakonservativ reagiert, aus Umstands- spielend Alltagsmode werden. Das geht hier sehr schön mit einem Anzug, der auch Konrad Adenauer gestanden hätte. He, Linker! Ja, du! Polit-Charaktermaske! Schämst dich gar nicht, dich als Politiker zu verkleiden? Nein. Der ist Politiker. Das ist ja gerade das Intelligente. Anzug: amtlich. Krawatte: amtlich. Schuhe: also! Das sind die wahrscheinlich besten, mit denen ein deutscher Außenminister je Paris betreten hat. Schon stellt man sich den Stylisten vor, der Seide, diesen Krawattenstoff, zwischen den Fingern prüft: »C'est chic, l'Außenpolitik.« Alle Not der internationalen Politik steckt in diesem Knitterköpfchen. Schau her, Ausland: Wir wollen nichts Böses. Aber gern ein Gläschen Sekt. MvU

Die hier heißt Jennifer Aniston und ist der Publikumsliebling der erfolgreichen US-Sitcom *Friends*. Wenn man sie so anguckt, adrett, niedlich, nahtlos braun, da fällt einem doch gleich ein schöner altmodischer Begriff ein. Und zwar: Wonneproppen. Ein kleiner Pfropfen, also, der allen Freude bereitet, der Spaß hat an Mode, aber auch an Videofilmen und Popcornessen. Das energisch vorgereckte Kinn suggeriert: Hier, ich habe einen starken Willen! Aber keine Angst, die will nichts Ungewöhnliches. Die will keinen teuren Schmuck, sondern schlichte Accessoires. Die hat nicht jeden Tag eine neue Frisur, sondern seit ihrer Teenie-Zeit ein paar »Highlights« im Haar. Die läßt keinen außer ihrem Freund in ihren Ausschnitt gucken. Daß es sich dabei um Brad Pitt handelt, wurde von beiden lange geheimgehalten, aber das ist auch schon das Interessanteste an Jennifers Biographie. Ein Hollywoodstar, der im Jahr 1999 eine Brille trägt – das läßt andere Schlüsse zu als Kurzsichtigkeit. Das ist ein klares Zeichen von Jennifer. Sie verleiht sich selbst einen kleinen Makel, der, einmalig eingesetzt, von Humor zeugen soll, permanent aber von Intellekt. Vielleicht verfolgt sie bereits eine Karrierestrategie wie die Brillenträgerin Barbra Streisand: als sympathischer Clown anfangen, dann rüberwechseln zu ernsthaften Filmen. An einer einzigen Stelle will Jennifer extravagant sein, da geht's dann auch prompt daneben. Gemeint sind die kleinen Füßchen, die von den Glitzerpumps sehr unniedlich zusammengestaucht werden. Die bedauerliche Bilanz: Es sind nicht die unberechenbaren Frauen, die die Öffentlichkeit und die sexy Jungs glücklich machen. Es sind nicht die geheimnisvollen. Es sind die kleinen Wonneproppen in den falschen Schuhen. RC

Großer, großer, großer Gottschalk. Ihn treffen wollen heißt, ihn festzuhalten und wie irre hinzuhieben ... Rumms! Nichts. Rummswumms! Wieder nichts. Er lacht und lallt immer noch, bequatscht, betatscht, beleidigt seine Gäste. Trägt, dritter Hieb, diesen unüberbietbar abscheulichen, diesen fantastischen Mist. Das war immer so. Wer sich so anzieht, freiwillig – wer zwingt einen Zwei-Meter-Millionär, wie eine Mischung aus Louis XIV., Hazy Fantazy und Silvesterrakete auszusehen –, der hat einen Grad der Selbstbeleidigung erreicht, der in Wortbeleidigungen eben nicht zu überbieten ist. Also: ihn loben. Großes Scheusal. Großer, großer, großer Gottschalk. Bekannt ist, daß er deshalb ausschließlich in Kaisers neuester Kollektion auftritt, weil ihm sonst nichts paßt. Auch ein Schicksal. Der soll ja untenrum, um die Hüften, elendig breit gebaut sein. Genaugenommen ist Gottschalks Popo also breiter als seine Schultern, die wiederum schmaler wirken als das große Rote (Kopf), auf dem das große Gelbe (Frisur) draufsitzt und das rote Krumme (Nase) raussteht. Den Job, diesen Glöckner einzukleiden, hat die Thea übernommen, seine bewundernswerte Frau. Sie sagt, wobei das selbstverständlich Unterstellung und deshalb frei erfunden ist: Du sollst mein Schwein sein. Nein, mein Schweinchen. Nein, mein Schwein-Schwein-Schwein. Die Menschen da draußen vor den Fernsehern sind primitiv, sie wollen ihren Showmaster immer nur im Häßlichsten sehen, was für viel, viel Geld zu kaufen ist, denn Geld ist dumm, Dummheit entstellt, und die totale Entstellung ergibt First-class-Fernsehunterhaltung. Mann, und sie hat recht. Da steht er, unser Superfreak, der King of Pop. Nieder mit den Waffen. Stille. Nur Bewunderung. Es macht Spaß, ihn einfach nur anzusehen.

MvU

REGISTER

BILDNACHWEIS

AKG, Berlin: S. 134

Action Press, Hamburg: S. 47, S. 58, S. 60, S. 88 (Camilla Morandi), S. 109, S.120/S.131/S.138 (Big Pictures), S. 143, S. 147

Alex Flach, Berlin: S. 87

Ali Kepenek, Berlin: S. 69

Bogdan Braikov, München: S. 19, S. 25, S. 30, S. 35, S. 56, S. 67, S. 79, S. 94, S. 101, S. 112, S. 119

Focus, Hamburg: S. 33 (Paul Schirnhofer)

Gamma, Frankreich: S. 63 (Vanves)

Globe Photos, New York: S. 40 (Fitzroy Barrett), S. 65/S. 80/S. 114/S. 117 (Lisa Rose)

Inter-*Topics*, Hamburg: S. 14 (Capital Pictures), S. 17 (Galella), S. 21 (Celebrity), S. 22 (All-Action), S. 29 (Retna USA), S. 39 (Capital Pictures), S. 43 (Shooting Star), S. 49 (Magma), S. 53 (Capital Pictures), S. 54 (Globe), S. 71 (Retna USA), S. 82 (Capital Pictures), S. 90 (Galella), S. 92 (Globe), S. 97 (Galella), S. 103/S. 104 (Retna USA), S. 107 (Galella), S. 110 (Corbis), S. 123 (Star Max), S. 132/S. 137 (Galella)

IRMA, München: S. 148

Pandis Media, Hamburg: S. 9, S. 13, S. 36 (MAXPPP)

People Image, München: S. 27 (Lüttringhaus), S. 50/S. 72/S. 74/S. 85/S. 98 (Tinnefeld), S. 125 (Breiteneicher), S. 126/S. 129 (Lüttringhaus), S. 141 (Schober)

Photo Selection, Hamburg: S. 76/S. 144 (Gregg De Guire)

Thomas und Thomas, Hamburg: S. 11 (Friedrun Reinhold), S. 45 (Karin Gerdes)

Rebecca Casati, und Moritz von Uslar, Jahrgang 1970. Beide leben in München und schreiben für das Magazin der *Süddeutschen Zeitung.* Sie träumt zur Zeit von einer geschnürten Jacke von Fendi. Er hätte gerne ein Achsel-Shirt mit dem Aufdruck »I love N. Y.«.